大学生思想困惑及其应对

杨伟刚　编著

西安电子科技大学出版社

内 容 简 介

本书针对大学生的个性心理特点及其受到的网络上各种思潮的影响，趣味解答他们在大学生活中面临的各种思想困惑，并对这些困惑进行梳理和分析，帮助他们树立正确的人生观、价值观和世界观。本书分别从人生困惑、学业困惑、情感困惑、人际困惑、职业困惑、法治困惑等六个方面，分析了大学生思想困惑的产生、发展与运作所历经的心理和行为过程，并对如何有效地应对各种思想困惑以及提升他们的思想道德素质和心理健康水平，结合案例提出了可操作的具体措施。

本书理论阐述透彻，案例典型，语言生动，可读性较强。无论对于大学生群体，还是对于从事大学生思想政治教育工作的老师或其他读者，均有一定的参考价值。

图书在版编目(CIP)数据

大学生思想困惑及其应对 / 杨伟刚编著. —西安：西安电子科技大学出版社，2023.4
ISBN 978–7–5606–6826–0

Ⅰ.①大⋯　Ⅱ.①杨⋯　Ⅲ.①大学生—心理健康—健康教育—研究　Ⅳ.①G444

中国国家版本馆 CIP 数据核字(2023)第 044302 号

策　　划	高　樱
责任编辑	宁晓蓉
出版发行	西安电子科技大学出版社(西安市太白南路 2 号)
电　　话	(029) 88202421　88201467　　　　邮　编　710071
网　　址	www.xduph.com　　　　　电子邮箱　xdupfxb001@163.com
经　　销	新华书店
印刷单位	西安创维印务有限公司
版　　次	2023 年 4 月第 1 版　2023 年 4 月第 1 次印刷
开　　本	787 毫米×960 毫米　1/16　印张 10
字　　数	150 千字
印　　数	1～1000 册
定　　价	26.00 元

ISBN　978–7–5606–6826–0 / G

XDUP 7128001–1

如有印装问题可调换

前　言

　　青年的价值取向决定了未来整个社会的价值取向。大学生作为时代先进群体的代表，更是社会前进发展的中流砥柱，因此大学生的成长和发展影响着社会的走向。编写本书的主要目的，是深入贯彻党的教育方针，落实立德树人的根本任务，对当代大学生面临和关心的实际问题予以科学客观的回答，引导大学生树立崇高理想，坚定信念，提高道德品质，发扬中华民族优秀传统，以具有时代精神的价值标准和行为规范来要求自己，从而促进大学生心理健康素质、思想道德素质与科学文化素质的协调发展。

　　本书针对大学生的个性心理特点，充分发挥新媒体技术的优势，借助微信公众号平台，线上线下相结合，收集并梳理了大学生在生活和学习中的多样化需求及各种思想困惑案例，深入分析了这些思想困惑的产生、发展与运作所历经的心理和行为过程，并对如何有效地应对各种思想困惑、提升大学生的思想道德素质和心理健康水平提出了可操作的具体措施。本书集思想性、知识性和实践性于一体，在总结多年教学实践经验的基础上编写而成。

　　本书在编写过程中努力突出以下特点：

　　第一，内容的针对性。本书以大学生成长过程中遇到的问题为突破口，体现思想政治理论教育对解决现实生活问题的有效性，增强学生学习兴趣。

第二，时代的鲜明性。"00 后"大学生更加渴望认识世界、认识自我，具有更强的独立性与鲜明的个性特征，因此本书在内容选择与重点安排上都着力体现新时代大学生关注的焦点。

第三，内容的可读性。本书基于大学生生活和学习的实际与需要，以社会主义核心价值观为统领，力求做到理论阐述透彻、案例典型、语言生动。

西安电子科技大学马克思主义学院杨伟刚副教授负责全书的总体设计、提纲的拟定编写，并对全书进行了统稿、审稿和定稿工作。本书的具体编写分工为：徐智编写第一章；杨蓉蓉编写第二章；王家琪编写第三章；陈紫藤编写第四章；闫焕钰编写第五章；杨雪莹编写第六章。

本书得到了西安电子科技大学马克思主义学院的出版资助和西安电子科技大学 2022 年度研究生教改项目(JGYB2226)的资助。

由于编者水平有限，书中可能还有不足之处，真诚希望广大读者及同行专家批评指正。

编　者

2022 年 11 月

目录

第 一 章

人 生 困 惑

大学生思想困惑及其应对

大学生思想困惑及其应对

1. 终其一生只能做一个平凡人吗？

confused

问题： 晓琳来自小城市，家庭条件一般，目前就读于北京的一所知名高校，面对多才多艺、家境殷实的同学，她感到十分自卑。她说："自从我上了大学以后，发现我对人生的期待值过高，越来越觉得自己是一个普通得不能再普通的人，大学全专业排名20左右，担心考不上研究生也找不到好工作。指导老师一直强调要做大学生创新项目，我绞尽脑汁也想不出点子，也越来越觉得自己不是搞学术的人，对未来规划很迷茫，感觉自己以后可能会在家乡做中学老师或者干着薪水一般但很安稳的工作。所以我想请问大家，人生是不是一个从理想走向现实、慢慢接受平凡的过程？"

解惑：

不同的人，有着不同的人生和不同的人生观。大家不能选择自己的出身，但可以选择以怎样的态度面对人生。晓琳同学的经历是大多数来自小城市或者农村的同学都有过的心路历程，造成这种心理的外部原因主要是经济问题，而内在原因主要是没有认清自我价值。步入大学，我们才发现理想与现实之间总会有许多矛盾与冲突，因此每个人要从生活出发，以认真的态度对待人生，以积极乐观的心态去面对生活给予的难题，努力追逐梦想，才能实现自我价值。

对于什么是不平凡，不同的人给出了不同的答案。有人认为有钱让人不平凡；有人认为倾尽一生投身公益让人不平凡；有人认为改变世界让人不平凡；有人认为留下不朽的作品让人不平凡。无论什么样的原因，觉得自己变得不平凡的人，一定是有目标或理想的人。

拥有目标或理想的人，或是追逐财富名利，或是在自己的领域取得一定的成就，或是希望获得他人的尊敬，等等。理想求而不得，才会觉得自己平凡。其实，"拥有理想"本就让人变得不平凡。理想就像是长在树上的一颗果实，触手可及能直接摘下来的不是理想，需要努力地跳一跳能摘到的果实才叫理想，摘到之后才会让人觉得小有成就。当为理想和目标求而不得感到可惜时，殊不知追逐理想的过程就是人生最宝贵的财富。人生有三次成长，第一次是发现自己不再是世界中心的时候，第二次是发现再怎么努力也无能为力的时候，第三次是接受自己的平凡并去享受平凡的时候。当我们逐渐认识到自己的平凡，但仍为了理想而去努力的时候，我们也就长大了。

实现理想的基础是要正确客观地认识自己，既不夸大也不低估自身的能力，学会运用科学的世界观和方法论，去树立与社会发展方向相一致的人生价值目标，来创造自己辉煌的人生。人在实现人生价值的过程中不可避免地受到自身条件的限制，有些条件是天生的，但绝大多数是可以改变的。当代大学生也要通过学习、锻炼等途径，努力提高自身的综合素质和能力。晓琳要正确地认识自己，多一点自信与乐观，努力提高自身素质。

2. 什么才是真正的爱国?

confused

问题: 最近,我们班举行了一次"我为祖国感到自豪"的主题班会,在小组讨论环节,我表示为祖国取得的成就感到十分自豪,但我也清楚我国在一些领域、一些方面确实是落后的,也存在一些被"卡脖子"的地方。当我与其他同学说起那些落后的方面时,有些同学认为我崇洋媚外,这让我很苦恼。难道爱国就只能热爱祖国的辉煌成就,而忽略祖国在发展中的不足吗?

解惑:

爱国主义体现了人们对祖国的深厚情感,反映了个人对祖国的依存关系,是人们对自己故土家园及民族和文化的归属感、认同感、尊严感和荣誉感的统一。改革开放以来,我国的综合国力飞速增长,中国人民实现了从站起来到富起来的飞跃,幸福感也在不断攀升,人们对国家的认同感也越来越强烈,特别是载人航天工程三十年来的成就、一个个"大国重器"、一项项"大国工程",深深激发了国人的民族自豪感和爱国心。当然也有偏激的爱国主义在悄然增长,比如有些大学生过度标榜本国的经济政治,并且过度踩低他国。此外,他们还给人"扣帽子",当有人表达欣赏他国的某些文化时,就说别人崇洋媚外,对持不同意见者口诛笔伐。

爱国不仅仅要爱祖国的大好河山、辉煌成就,也要虚心地接受祖国存在的不足。改革开放以来,无论是在经济、科技还是在军事、民生等领域,我们都取得了伟大的进步。在经济方面,中华民族迎来了从站起来、富起来到强起来的伟大飞跃,GDP 在 2010 年超过日本,成为仅次于美国的世界第二大经济体。即使受疫情影响,全球经济发展受阻,我国在 2021 年国内生产总值仍达到了 114 万亿元,比上一年增长 8.1%。全国财政收入突破 20 万亿元,同比增长 10.7%。在科技方面,被誉为"中国天眼"的 500 米口径球面射电望远镜(FAST),是具有我国自主知识产权、世界最大单口径、最灵敏的射电望远镜;"祝融"号火星车在火星铁锈色的沙土上留下了中国足印，这是名副其实的中国印记；中国的"人造太阳"，在 1.2 亿摄氏度下，成功"燃烧"101 秒，这标志着我国核聚变研究又获得重大突破。在民生方面，2021 年 2 月 25 日，中国向世界庄严宣告，中国脱贫攻坚战取得了全面胜利，现行标准下 9899 万农村贫困人口全部脱贫，832 个贫困县全部摘帽，12.8 万个贫困村全部出列，区域性整体贫困得到解决，完成了消除绝对贫困的艰巨任务，打赢了脱贫攻坚战。当然，目前我国确实存在一些发展不充足、不充分的环节。"十四五"规划纲要列出了被认为对中国的国家安全和整体发展至关重要的七大科技前沿领域，其中包括新一代人工智能、量子信息、集成电路、基因与生物技术、脑科学与类脑研究、临床医学与健康、深空深地深海和极地探测等，而这些领域恰恰是我们的薄弱环节。我们在为国家的发展与进步感到自豪的同时也不能忽略发展中的薄弱环节。不仅如此，我们还要正视这些发展不足的问题，努力提高自身本领来解决这些问题。

作为新时代的大学生只有爱国心是远远不够的，还要将自己的爱国心、强国志和报国行统一起来。首先，要对自身进行全面的评估，即了解自身的长处、所学的专业都有哪些研究领域，并且明确自己是否喜欢这些领域，因为兴趣才是支撑学习的第一要素。其次，当找到研究的目标时，就要制订相应的学习计划。计划不宜过大，尽量小且具体，比如要在一周内完成某本书的某个章节的学习。最后，理性爱国还要求当代大学生善于学习，博采众长，用开放包容的眼光去看待和学习他国的经验，努力提高自身本领，增强合作意识。

当今世界正在经历百年未有之大变局，世界多极化、经济全球化、社会信息化、文化多样化，一些青年大学生对爱国主义精神内涵的理解不够透彻，爱国主义观念与行为之间也存在一定程度的矛盾和冲突。总体来看，爱国主义观念依然深埋在青年大学生心中，大学生在生活中应该合理表达自己的爱国情，不违背公序良俗，不危害他人和社会，将爱国情内化于心，外化于行，努力锻造自身本领，以实际行动报效祖国。

3. 选择集体还是个人？

confused

问题： 进入大学以后，学校有许多社团组织，我根据自己的爱好选择加入了摄影社，但是社团活动却比我想象的多，因为我还要上自己的专业课并且参加很多新生教育会议，所以社团的活动不是每次都能参加。有一次社团的学长私下里把我叫住，说我没有集体精神，既然社团的活动不能参加，那就退出吧。为此我很苦恼，难道我要因为社团活动而逃课或者缺席会议？或者如果不喜欢某些集体活动可以不参加吗？

解惑：

大学生活不仅有学习，更有各种各样的活动，这些活动大多为各种类型的会议、课外服务、社交聚会等，各种各样的活动使得部分学生应接不暇，难以调配时间，同时使他们对集体主义产生了误解。集体主义是指在集体里面，每个人都依赖于集体、忠诚于集体，同时集体也维护和保障个人的合理需要和利益，真正的集体能促进人的全面发展，集体与个人并不存在实质上的矛盾。

案例中的事情看似是集体与个人的冲突，实质上只是社团生活和学业的冲突。因此，我们不应该因为这位学长的话为"选择集体还是个人"而苦恼，更不应该用逃课的方式来解决问题。既然社团活动与学业相冲突，那么不如暂时退出社团或者与社团负责人沟通，让他知晓你的难处，这样就可以做到学业和爱好两不误。在日常生活中，当个人的事情与集体的事情有冲突时可以认真思考一下，哪一方的事情比较重要。例如，如果你想出去玩，但是这时有一个会议需要参加，那你就要打消出去玩的念头；但如果个人的事情非常紧急，那就可以跟辅导员或者班长说明情况并请假，然后专心去解决个人的事情。

大学教育属于成年教育，学习的目的并不是选拔，而是培养出符合社会发展需求的人才，这就使得大学的教育方式与初高中相比有着巨大的变化，大学里的学生不仅需要掌握专业知识，更需要具备社会能力。

每个人存在着性格差异，存在着发展轨迹差异，但无论向着何种方向发展，最终目标都是成为一个有理想、有本领、有担当的人，所以大学里才会有各种各样的活动。

刚刚步入校园的大学生会经常被各种各样的集体活动困扰，由此上升到集体与个人冲突的层面，对班级的一些活动也十分厌烦，觉得侵占了自己的休息和娱乐时间，从而拒绝参加一些集体活动。当我们出现这种想法时，就要仔细思考自己为什么不愿意参加集体活动。这时不外乎三种情况：

第一，觉得集体活动没意思，不如做些自己喜欢的事。

第二，在这次集体活动中，没有自己的朋友或者有关系不好的同学。

第三，有更重要的事情要做。

面对以上三种情形，首先要思考这次集体活动的意义与重要性，然后再决定去或者不去。其次，如果仅仅因为某些人而影响你参加集体活动的热情，那就得不偿失，有可能你参加的这次集体活动会让你对讨厌的人改观，或者你能通过活动认识一些有趣的新朋友。最后，当冲突的情况发生时，需要在集体生活中摆清楚自己的位置，分清事情的轻重缓急，在学有余力的情况下，根据自身的条件选择喜欢的活动。

4. 什么是幸福？

confused

问题：好想回到小时候啊，那时候无忧无虑，被爸爸妈妈宠爱着，尽情地和小伙伴们一起玩耍，可是随着我逐渐长大，我感觉没有小时候那样幸福了，每天忙碌，就连快乐的时候也并不多。唉！到底什么才是幸福啊！

解惑：

小时候我们经常唱着："如果感到幸福你就拍拍手，如果感到幸福你就跺跺脚。"可随着年龄的增长，很多同学发现自己没有以前幸福快乐了。以前，大家觉得吃到自己想吃的零食就是幸福，获得长辈和老师的表扬就是幸福，长大后却很少能够感到幸福，甚至对什么是幸福感到困惑不已。这是因为随着年龄的增长，我们的视野不再局限于眼前的事物，而是想拥有更多的东西，这些东西有些是物质层面的，有些是精神层面的。幸福是每个人从始至终都追求的一种生活状态，是大家都向往的一种精神境界。但无论追求何种东西，都必须有一个指导标准，这样在追求幸福的路上就不会迷失方向。

幸福是一种主观感受，不同的人对幸福的定义也有所不同。林语堂先生曾对幸福有着精辟的诠释，他说："幸福人生，无非四件事：一是睡在自家床上；二是吃父母做的菜；三是听爱人讲情话；四是跟孩子做游戏。"虽然这些都是很小的事，但是要把小事做好确实不易，不过也恰恰说明幸福就藏在我们身边的小事中。

当代大学生正处于"三观"形成的关键期，树立正确的幸福观对引领大学生追求幸福以及对塑造他们的三观都极为重要。那么当代大学生在追求自身幸福的过程中应该注意些什么呢？

首先，在追求物质幸福的同时也要追求精神幸福。可以看到，在当代大学生中有着小部分同学，过分地追求物质享受，认为考上大学就万事大吉，将大学生活的重心放在了吃喝玩乐上。其实，享受生活本无可厚非，但是要注意尺度，一旦超过了界限，追求幸福就变成了享乐主义。因此，大学生的幸福观就是要将物质幸福与精神幸福结合起来，既感受物质带来的快乐也体验精神带来的更高层次的幸福。同时，大学生也必须注意使自身获得满满的活力。比如践行早睡早起、锻炼身体、收拾房间等一些小事。

其次，大家是生活在社会中的人，时时刻刻都与社会中的人或事发生着联系，没有任何人可以脱离社会而存在。因此，大学生要努力将个人幸福同社会幸福联系起来，将个人理想同中华民族伟大复兴的中国梦联系起来。

再次，大学生要在感恩中体会幸福。无论处在人生的哪个阶段，都要感谢那些给过自己关心和帮助的人，感谢他们的陪伴与付出，要感谢父母和长辈、感谢老师、感谢社会，更要感谢国家。只有感恩，才会懂得人生是如此的幸福。同时，也要勇敢地表达爱，或许是一个简单的拥抱、一句温暖的话、一个鼓励的眼神，但在那一刻幸福会从心底奔涌而来。习近平总书记曾经说过："幸福都是奋斗出来的""奋斗本身就是一种幸福，只有奋斗的人生才是幸福的人生。"幸福不会在幻想中实现，而是要通过奋斗去实现。你可以放下手中正在忙碌的事，好好想一想：我的奋斗目标是什么，要怎么做才能实现自己的目标。这样在目标的指引下，你就不再迷茫，也会在奋斗中感受到属于自己的幸福。

5. 如何看待生死?

confused

问题:最近,又有大学生轻生的新闻出现了,我看到后很伤心,我自己是十分惧怕死亡的,不知道这些大学生经历了什么事,最后选择了死亡。当我同其他同学谈起这种事时,大家也表示惋惜,表示自己不会轻视生命。我想知道,大家是如何看待生死的?

解惑:

生死问题其实是一个哲学问题,自古以来就有许多名家讨论过。我国著名学者周国平先生说过:"自我意识和死亡意识是同步觉醒的。"也就是说,当一个人一旦知道自己在世界上是独一无二的,他就能感觉到,自己如果毁灭了就是天大的灾难,那么他对人生的意义也会产生怀疑。可以看出,人是"知死"的,并且对生死的看法将影响其对人生的看法。

大多数人从 8~10 岁时起就知道自己是会死亡的,黄晓雅、张伟曾在写《当代大学生生死观现状的探究》一文前,对浙江省舟山市的大学生进行了生死观现状调查,发现在面对死亡的问题上有 67.5%的同学感到恐惧和悲伤,4%的同学没有感觉;在关于他们是否可以接受自杀的问题上,89.5%的学生认为他们是无法接受的,因为生命是宝贵的,必须学会考虑他人的感受。虽然只是对舟山这一地区高校学生的调查,但可以看出大部分学生对于死亡充满着恐惧,对于生命倍感珍惜。

在日常生活中人们不会经常提起关于生死的问题,甚至有的人忌讳谈及这个话题,但生与死贯穿着人生的始终,是人们必须要面对的严肃而又重要的人生课题。一个人如果不能正确对待生与死,不能正确认识二者的矛盾,那么追求高尚的人生目标、创造有意义的人生、获得人生幸福等也就无从谈起。对大学生而言,思考"如何正确对待生与死"的问题,是对人生青春之首问,是对人生真谛的探求,也是对人到底应当怎样去生活的思考,这对于大学生树立正确的人生观极为重要。

如何正确看待生死？

首先，要正确认识生死。生死其实是一个客观存在的过程，人的生命历程和其他一切生命一样，都要经历一个由生到死的过程，这是一个客观存在且不可改变的事实，是自然规律。从这个意义上来说，生，我们不可改变，死，我们亦不能抗拒。但这并不是说我们要悲伤地面对死亡，默默地等待着它的到来，而是要充分珍惜活着的时刻，在有限的生命中创造无限的人生价值，追求"不朽"。

其次，我们不仅需要正确对待自己的生命，而且也要正确对待大自然的一切生命，树立"大生命观"，尊崇人与自然的和谐统一，从自身做起，像保护眼睛一样保护自然环境，像对待生命一样对待生态环境。

最后，我们是生活在社会中的人，每天都在与他人相处，在爱护自身生命的同时，也要关心他人、善待他人。社会主义核心价值观在个人层面上提出了友善的要求，因此我们要正确认识个人与他人的辩证关系，对待人际矛盾和摩擦，一定要冷静、理智且合法，当别人需要帮助时应当伸出援手，以自身行动去构建和谐社会。

6. 如何看待网络上的哗众取宠行为？

confused!

问题： 前一段时间，网络上十分流行在铁轨附近拍照，我室友看到后很心动，也想拍类似的照片发朋友圈，我觉得这种行为不安全，就把之前在央视网看到的相关新闻发给她看，我摘录了其中的三条新闻：

1. 2016 年 5 月，有几名湖南常德的高三女生为了释放压力，竟然在铁轨上拍照，这种严重违规的行为，在当时引起了很大的争议。

2. 2019 年 7 月，广东兴宁有几个年轻人为了展示"火车呼啸而过"的场景，在距离火车极近的地方做出危险动作，险些丧命。

3. 2020 年 7 月，有 3 名大学生跑进铁路货场，站在铁轨上做各种摆拍动作，幸亏列车的刹车距离较长，才没酿成悲剧。

我给室友看完这些新闻后，她却说我大惊小怪，还说哪有那么危险。我真不明白，难道发朋友圈比生命更重要？

解惑：

近几年来，这种公路拍照、铁路拍照的事件屡禁不止，产生这种现象的原因，一方面是有些人安全意识淡薄，另一方面则是生命价值观教育的缺失。就当今大学生的整体而言，大多数学生对生命的认识是正面的，但是面对诸多的外界诱惑以及自身识别能力不足，在好奇心、虚荣心等驱使下容易深陷泥潭而无法自拔，进而形成各种不健康的生命安全观念。例如：生命安全意识淡薄，生活方式不健康，因情感问题、学业问题而轻生等。

与以往的大学生群体不同，当代大学生有一个新的成长特点，即他们受网络影响较大，是在网络中成长起来的一代。网络的发展与新媒体平台的崛起，极大地改变了大学生的生活方式、人生态度以及行为习惯，网络文化对他们的思想、生活产生了深远的影响。此外，部分高校侧重于专业知识和技能的培养，在大学生心理健康教育方面比较薄弱，正是对大学生的人文关怀、生命关怀的缺失，使得部分大学生生命归属感淡薄，生命意识模糊。这些大学生在成长过程中缺乏对生命意义的认识和基本的安全知识，没有建立成熟的生命安全观念，喜欢冒险，寻求刺激，目标缺乏，形成了"年轻不及时享乐更待何时"的不健康观念。因此，当代大学生要树立正确的生命价值观。

那么，应该如何树立正确的生命价值观？其实很简单，当你在做每一件事情的时候，想一想你的行为会对父母、朋友以及其他人有什么影响，从而珍惜自己的生命，培养积极乐观的心态，这就是正确的生命价值观。

在铁路上拍照的行为不仅无视自己的生命安全，也给他人的生命安全带来了威胁。因此，当代大学生需要尊重生命、敬畏生命，懂得生命的宝贵进而探寻生命的意义，促进自我人格的成熟与更高水平的发展。生命只有一次，大家要在体会生命的过程中不断追求自我价值与社会价值。自我价值的实现即人生理想目标的实现，而社会价值则是要求我们对社会有一定的贡献，作为新时代的大学生要主动将自我价值与社会价值相融合，只有这样才能在实现价值的过程中体会到生命之美。

7. 借贷消费，消费的是金钱还是人生？

confused

问题：今年，我可能要被退学了……我在大二的时候谈了个女朋友，我们经常出去玩、吃饭，偶尔我还送她一些礼物，我的生活费不足以支撑这些花费，当我看到某网络借款平台"手续简便、放款快、利息低"的广告后很是心动，随后向该平台申请贷款 10 000 元。签订合同后，网络借贷平台以"砍头息"的方式实际仅放款 7800 元。这还不算，在借贷的一年时间内，我陆续还本息共计 7 万元，发现贷款仍未还完。在网贷压力的逼迫下，我开始被迫长期旷课打零工还债，导致年度学分多项不达标。前几天辅导员找我谈话，说如果我再考试不及格，我就会被清退。我真的很后悔，告诫大家不要去借网贷。

解惑：

案例中的同学所说的经历，其实是"网络贷"的背后真相。当代社会，大学生是我国市场经济中重要的消费群体，由于部分同学在日常生活中没有形成正确的消费观，因此经常"收支不平衡"。正是在这种环境下，针对大学生的网络小额借款——"校园贷""网络贷"应运而生，并且凭借着无担保、低利率、简便快捷等特点，迅速在高校中流行，但是一旦临近还款日期，暴力催收、利率暴涨等问题相继出现，就会严重影响大学校园的和谐安定。

大学生本身没有收入，但大学生要面对人际交往、休闲娱乐以及购买时尚产品方面的消费。对于一些大学生来说，网络借贷解决了自己短时间内在金钱方面遇到的困难，但这些借贷产品很多都带有欺骗性与迷惑性，容易使大学生深陷其中，难以自拔。因此，大学生需要合理规划自己的消费，坚持适度消费，坚决避免赶时髦、要面子的不合理超前消费，同时也要提高自己抵抗"借贷诱惑"的能力。

当前，大学生群体的消费行为虽然趋于理性，但仍有少部分学生存在过度消费现象。由于大部分学生把时间与精力用于学习，没有稳定的经济来源，所以家庭资助生活费是其主要经济来源。正因为如此，当个人消费超过家庭给予的生活费时，就会有少部分学生去借贷。

当代大学生的消费行为有三个特点。

第一，娱乐化。某调查显示：青年大学生的消费更加娱乐化，49.66%的消费内容为人情交际支出，其中包括外出游玩、请客吃饭、恋爱支出等娱乐性消费，甚至有的学生节衣缩食，将生活费更多地用在娱乐性消费上。

第二，炫耀性。网络购物地域和空间的无限制性，以及无处不在的和不符实际的广告宣传，例如"女生必备的口红色号""秋天的第一杯奶茶"等消费噱头，传递给大学生一种没有收到这个口红和奶茶作为节日礼物就不合常理的心理暗示，导致了学生的消费内容出现炫耀性消费和诱导性消费。

第三，盲目冲动性。相比传统的淘宝、天猫、京东等 App 上按需进行商品搜索的图片购物方式，有65.37%的青年大学生认为自己更容易在品牌、网红或明星直播间的动态解说购物方式中下单消费。网络"推销员"的测评宣传视频更能激起青年学生的购物欲，使得青年大学生越发追求消费的快感，满足于享受消费的状态，从而导致盲目跟风只为占有某种物品的畸形冲动性消费。

那么，应该如何避免落入"网络贷""校园贷"的圈套？

首先，大学生要加强自我教育，对自己的消费行为定期进行总结与反思，建议同学们可以养成记账的习惯。

其次，要克服物质欲望，不断提升自身的消费觉悟和精神修养，追求正确的人生价值观，分清正常消费和攀比消费之间的区别，自觉抵制拜金主义、物质至上等不良社会思想的侵袭。

再次，大学生可以主动学习理财方面的知识，合理规划，适度消费。

最后，大学生在消费行为中要增强维权意识，如果发现虚假消息，要学会利用法律武器保护自己的权益。

8. 成绩与诚信孰轻孰重?

confused

问题: 本人考试一直都规规矩矩,到了大学以后发现虽然每次考试前学院都会组织大家在诚信应考书上签名,但仍有同学在考试时作弊。这些作弊的同学没有被抓到,并且在评优的时候也没有被举报。我在想,难道为了考出好成绩就能够违反规则去作弊? 他们对作弊不感到羞愧吗?

解惑:

诚信作为中华民族的传统美德,传承千年。"诚"是真诚正直,"信"是言行如一。"诚""信"结合,是一个人提升修养、完善人格的内在要求。诚信要求我们无论是做人还是做事都要真实、真诚,做到信守诺言,自觉抵制各种利益诱惑,克服投机取巧心理等。它是一个现代社会的文明人所必备的品质。一个缺乏诚信的人,既不会受到他人的信赖,更不可能得到社会的认可和尊重。社会主义核心价值观也将诚信列入其中,成为公民个人层面的价值准则和基本的道德规范。如今,诚信犹如公民的第二个"身份证",是生活中不可缺少的重要品质。同时,大学生是社会主义建设的接力者,也是社会主义核心价值观的践行者,做到诚实守信十分必要。

案例中的同学能够坚持诚信应考这值得表扬,诚信是做人的基本准则,但依然会有少部分同学罔顾道德的要求,为了获得好成绩铤而走险去作弊。

深入分析这一现象,就能够窥探到大学生作弊的两个主要原因:

首先,一些学生之所以作弊是为了考出好成绩满足其虚荣心。考试作弊的现象时有发生,缘于作弊者想尽可能答出更多的题,从而通过考试和取得高分。这些作弊者并不具备这些知识和能力,但又萌生出想要考试过关或拿高分的念头,可以认定,这些念头本身就是不切实际的非分之想,而一味地追求超越自身能力范围的非分之想是虚荣心在作怪。

其次,一些学生作弊是功利心在作怪。大学成绩在很大程度上与评优和奖学金挂钩，为了获得荣誉称号或者奖学金，一些同学选择了考试作弊这种不诚信、不道德的行为。

不诚信的行为存在很大的风险。

第一，作弊行为一旦被发现不仅会获得零分而且会受到全校批评等相关处分，严重的会被开除学籍。

第二，会导致对自身学习情况的误判，如果一个人作弊次数多了，就会不自觉地认为自己的水平就是如此，即使最后拿到了相应的荣誉或者文凭也只是"徒有虚名"。

第三，会收获同学异样的眼光，当其他同学发现其作弊后，他们可能不会举报，但在他们心里已经将此人划入不诚信、无道德的人群。

当前，无论是社会、学校、家庭还是学生个人，都越来越重视学业成绩，成绩不仅是评优的标准之一，也是个人履历上的必要元素。进入大学后宽松的考试环境，让一些同学动了作弊的小心思，作弊手段层出不穷。从短期来看，这些作弊的同学可能确实获得了令他们满意的成绩，但从长远来看他们不仅养成了一种不诚信的习惯，而且也没有学习到真本领。因此案例中的同学不要因为他人作弊而动摇内心诚信的理念，要坚持自我。

9. 外卖频繁丢失是谁之过？

confused!

问题： 最近，我们学校的同学都在议论学校里有偷外卖的人，因为她们订的外卖被偷了，我并没有在意。今天，我在某点餐 App 上点了一份盖饭，半小时后骑手打来电话，告知我下楼取餐。我当时正在忙着写论文，就跟他说："请你把外卖先放窗台底下吧，我过会儿再下去。"而五分钟后，我下去已经找不到我的外卖了。我给骑手打了电话，他跟我说："我已经把外卖放在栅栏底下了，一个黄色的袋子里。"所以我推测自己的外卖应该是丢了。后来学校介入调查，通过查看监控找到了偷外卖的人，但是学校没有公开是谁，听说是两个男生，他们因为压力大，于是靠偷外卖去释放压力。我真的不理解这样的行为。

解惑：

随着时代的变迁，人们的价值观、道德观受到了当今社会各类信息不同程度的影响。从大学生的自身发展状况看，青年大学生正处在世界观、人生观、价值观形成和发展的重要时期，总的来说，他们的社会经验不够丰富，思想不够成熟，还存在着明显的知行脱节的现象。不管对于大学生还是其他人来说，偷外卖本身就是一种违法行为，明知道这种行为不对，但还是去做了，这就涉及法律与道德问题了。

本案例中偷外卖的大学生自称心理压力比较大，当然有的大学生由于学业压力导致紧张、焦虑，甚至出现严重的道德滑坡和心理问题，偷外卖的行为会让其有"快乐"的感觉。寒窗苦读十数载，我们懂得"礼义廉耻""与人为善""赠人玫瑰，手有余香"，但他们在面对别人的外卖时，又怎么会动偷窃的念头呢？这其实主要涉及两方面的问题。

首先是道德问题。道德通过社会舆论、传统习俗和人们的内心信念来维系，是对人们的行为进行善恶评价的心理意识、原则规范和行为活动的总和。道德是一个人最基本的行为规范，偷外卖的行为很大程度上是学生道德意识不强引起的。

其次，偷窃行为也体现出部分大学生法律意识不强，没有认识到自己的行为是违法行为，是不被法律认可的。

在思想道德和价值取向多元化的历史背景下，大学生不仅要把道德理想的实现看作是一种高层次的需要，而且要重视道德履行，强调修养的重要性，倡导道德主体要在完善自身中发挥自己的能动作用。案例中的两位男生可能觉得偷盗外卖是小事，为了缓解紧张的心情才这么做。这让我想起了一个故事：一名年轻人前往国外留学，他发现当地公共交通系统的售票处是自助的，没有检票口，也没有检票员，甚至随机检查也很少。这位年轻人自从发现了这个漏洞后就多次逃票。毕业后，自己身上名牌大学的金字招牌和出色的学术成绩使年轻人充满自信，但当他向许多跨国公司投递简历后却被拒绝了。他以为这些公司对他有种族歧视或者排斥外国人，在最后一次被拒绝时，他要求经理给出一个不雇用他的理由，才得知原来自己那些年逃票的事都有记录，正是他忽略掉的这些"小事"才导致自己丧失了工作的机会。这正是"勿以恶小而为之"的典型案例。

大学生需要增强法律意识，树立权利与义务对等的观念。最重要的是要将法律与道德结合起来约束自身的行为，应当在进行道德修养和社会实践的过程中，坚持理论与实践相统一，坚持继承光荣传统和弘扬时代精神相统一，坚持加强个人修养与接受教育引导相统一，应该继承和弘扬中华民族优良道德传统，自觉恪守公民基本道德规范，努力养成良好的道德品质。

10. 人一定要有信仰吗？

confused

问题：每当别人问我有没有信仰的时候，我都不知道该如何回答，我好像真的没有自己的信仰，难道人一定要有信仰吗？没有信仰就不能生活了吗？

解惑：

提到信仰，很多人容易把信仰和目标、理想混为一谈。在此作一个简单的区分。目标是一个短期的行为，而理想是一种长期的目标，它可能需要用一生来实现。

那么信仰是什么？

从字面意思来看，信仰是"相信"和"敬仰"。现在很多人认为信仰就是宗教，其实信仰的对象并不限于宗教，人也不一定非要信仰宗教，也可以信仰某种学说或特定人物。所以信仰就是指某人自发地对某种思想、宗教、追求或某人某物的信奉敬仰。也可以这样认为，信仰就是你无法用理智、逻辑、解剖来确证其有，但是你却深信不疑，甚至可以用毕生力量去遵循和追求的思想或精神境界。

白岩松曾在接受采访时谈到关于信仰的问题，他认为有信仰的人不一定都会幸福，但没有信仰的人一定不会幸福。在墨西哥有这样一个故事：一群人正在赶路，突然有一个人停了下来，旁边人问他为什么要停下来，这个人说走得太快了，把灵魂甩在后面了，所以要等一等。故事中的一群人像不像我们？我们生活在快节奏的社会中，我们的精神深处是否也被抛到了身后？当我们不断追逐现实目标，没有人生信仰的时候，很容易出现不知道将来要干什么的困惑，因此我们才需要信仰。

信仰是一个人的精神寄托，能够给人以安定和坚定。一个人生活在世界上，有向往的方向很重要，否则即使不停地奋斗也终将是碌碌无为，无法体会到幸福。人如果没有信仰，就只剩一副躯壳；没有信仰，做事就永远没有方向，心里也没有善恶的标准，更不会有所谓的热爱。

但信仰也是一把双刃剑，我们不仅要有信仰，更要有正确的信仰。当盲目的推崇超过了理性的是非观念时，信仰就变成了一枚随时可以引爆的炸弹。现代社会中，由于资本和物质的泛滥，有些人错误地把金钱和享乐当作了生命的信仰，正因为这样，才有"宝马女"毫无压力地说出那句"宁愿坐在宝马里哭，不愿坐在单车上笑。"当把感官享乐和金钱利益当作奋斗的目标和生命的目的时，也就离真正的信仰越来越远了。

什么才是正确的信仰？

符合以下三点就能够称之为正确的信仰：

第一，信仰是否符合科学和理性，即信仰本身的一切是否建立在科学与理性的基础之上，是否存在反科学、反理性的情况。

第二，信仰能否带领自己进入更高层次的精神境界，是否提倡对社会和他人有益的道德。

第三，信仰能否激励自己正确看待现实的世界，肯定世界积极的一切，指引人们追求现实的美好生活而不是否定当下生存的世界。

那该如何寻找属于自己的信仰？

其实信仰无需外寻，因为它就在你我的内心深处，只是不容易看清。信仰决定一个人的行为，反映内心最深处的需要。对于行走在路上的人来说，行走的坚定就是他的信仰！信仰不是人生目的，而是一种动力。

首先，一味地找寻信仰，不如先停下来思考一下我们敬畏什么。敬畏包含两个词："尊敬"和"畏惧"。中国传统文化中常说"善有善报，恶有恶报"，如果一个人活着没有任何畏惧，他会让整个社会感到不安。

其次，当你清楚自己所敬畏和鄙弃的东西之后，思考一下你向往什么，例如你是什么样的人，你要成为什么样的人，怎样才能让人生过得有意义。

最后，多读书，在读书的过程中，你会和许多思维进行碰撞，在这些头脑风暴中你就会发觉内心的立场和自身的定位，逐渐拥有一套自己的价值体系。

有人说现在的年轻一代没有信仰，其实这种说法未免过于片面。首先，人不是一生下来就有信仰的，人的信仰是受教育以及社会环境等诸多因素影响的。其次，没有践行一生的时间，谈不上所谓的信仰。因为信仰必定要通过实践来寻找，互联网时代的年轻人就像被洗来洗去的沙子，每天被大量各种的信息充斥着头脑，却不曾拥有实践经历，或者真实的经历太少，所以，与其说缺乏信仰，不如说还没有拥有一份属于自己的信仰。最后，有些人或许只看到了过去一代旧信仰的沉淀，却没看到新一代信仰的产生。当代年轻人不仅没有失去信仰，反而更加执着于信仰了，所以会有奋斗在抗击疫情第一线的"00后"志愿者，有火场逆行的年轻消防员，有一心搞学问做科研的年轻学者。

11. 人为什么活着?

confused

问题: 一个人的时候,常常会想,人到底为什么活着?我和其他人的人生好像并没有什么不同,从幼儿园、小学、中学、大学一步一步走来,感觉每天过得都差不多,没有惊喜也没有意外,感觉日子就是这么一天天过下去,直到老去。我体会不到生活有什么特别的意义,既然人最终都会死去,那为什么还要活着?

解惑:

人为什么活着?这是人生无法回避的问题,每个人心里或深或浅也都会有过思考。但这个问题的答案却不是唯一的,每个人的境遇不同,活着的意义自然也不同。有的人是为了金钱,有的人是为了事业、地位,也有的人是为了家庭、为了亲人。每个人都会为各种各样的目的而活,但如果这一切都不存在呢?为了事业而活,事业有失败的时候;为了理想而活,理想有破灭的时候;为了亲人而活,亲人有离去的时候。那活着还有什么意义呢?

人生最重要的就是寻找生命的意义。有这样一个真实的故事:二战时期在纳粹集中营里,被抓到的犹太人中有 90%要被送往毒气室或焚烧炉,剩下的 10%则要去做苦力,而这部分人生还的概率也只有 1/20,在种种非人的环境以及死亡恐惧的重压下,很多人目光呆滞,如行尸走肉般日复一日地做着常人无法想象的"工作"。对于集中营里的人来说,生命的意义到底是什么?活着就意味着遭受无法想象的磨难,而选择放弃生命,则不必经历这些痛苦。但生命毕竟是不能随便放弃的,任何人在任何环境下总是想办法"活着",在这个终极目标下,再思考如何活着。

弗兰克尔是集中营中的幸存者之一,他之所以活了下来,是因为他心中牵挂着两件事:其一是他的家人,尤其是他的妻子,在苦难之时给了他莫大的动力;其二是他的手稿,即他所要完成的心理学"意义疗法"的手稿。正是这两件重要性超过自身的事情支撑他活了下来。弗兰克尔说:"集中营的压抑环境对人最大的影响是你不知道自己要被关多久，也不知道哪天会被释放。看不到这种状况何时结束的人，不会再像正常人那样为了将来而生存。"因此，他能活下来不是因为身体有着非同寻常的耐性，而是因为精神世界始终坚韧。对自己的未来丧失信心的人，很容易变得消沉，因为他丧失了对自己精神的把控。

弗兰克尔的经历也告诉了我们如何探寻活着的意义。第一是创造与工作，即个人成就；第二是亲密关系与爱；第三是赋予苦难意义，即自我超越并完成自我实现，这一点也是最重要的。如果你发现经受磨难是命中注定的，那你就应当把经受磨难作为自己独特的任务，期望生活给予什么并不重要，重要的是生活对我们有什么期望。因为生命最终意味着接受与承担所有的挑战，完成自己应该完成的任务。同样，正是因为生命的脆弱和转瞬即逝，我们才需要在有限的生命里肩负起对自己生活的责任。

活着的人很幸运，可以努力去寻找生命的意义，生命的意义不在于终点，而在途中每一个阶段的人生经历里。其实，我们在平常的生活中，今天比昨天做得好一点，明天又比今天做得好一点，每一天都在真挚地努力、不懈地工作、扎实地行动、诚恳地前行，在这样的过程中就体现出了活着的意义，所以不必觉得平淡如水的日子毫无意义，只要做得比前一天好一点点，你的人生就有意义。

第二章

学业困惑

大学生思想困惑及其应对

大学生思想困惑及其应对

1. 无法脱离高中题海战术，究竟该如何学习？

confused!

问题： 高中三年的学习基本上都是题海战术，现在进了大学之后，没有练习册巩固，做完题后不知道去哪里查正确答案，课本上大部分内容需要自己去理解，感觉好迷茫，常常怀疑自己的能力，感觉自己不会学习了。

解惑：

进入大学后，发现自己不会学习了、逐渐变得迷茫是正常现象，这是适应大学生活必须要经历的心路历程。那么高中的学习和大学的学习有什么区别呢？在高中，老师在讲台上讲课，课后我们还可以去办公室找老师答疑，每天都有固定的学习位置，能和同学们交流沟通。而在大学，师生之间的交流大部分依靠的是网络，得不到及时的课堂反馈，因此可能会造成一些心理上的障碍。最重要的是高中侧重于知识性学习，而大学侧重于研究性学习。

在大学里究竟该如何学习呢？

首先，大学的学习和高中的学习有本质的区别，感到无所适从是正常现象，不要因此自我怀疑、丧失信心。大学学习自主性很强，需要了解多方面知识而不能局限于课本和刷题。建议多了解自己感兴趣的专业内容，找回学习的意识和氛围，保持积极的心态。减少待在宿舍的时间，改善学习环境，主动去图书馆学习，图书馆的学习氛围要比宿舍强，但建议不要成群结队，一到两个人即可，既能交流又能相互督促。在不知道怎么练题或找不到答案时，可以上网查询，也可以参考相关专业的书籍，或者主动询问任课老师和他们沟通交流。另外，还可以多参加比赛和社团活动等，接触更优秀的人，从他们的身上找到共同点或者值得借鉴的地方。

其次，大学的知识理论性很强，在学习时也许会觉得枯燥乏味，但一定不要放弃。要根据自己的情况，学会自己判断，当你逐渐掌握适合自己的学习方法后，获得的满足感会激发你的学习兴趣。一些网络平台上有课程资源可以用来辅助学习，也有一些学霸分享了自己的学习方法和自我提升管理的办法，可以先制订计划，再坚持完成任务，总结出一套适合自己的学习方法。缺少了老师的监督，你也许会有很多空余时间，这时要学会自己安排时间，加强时间管理，可以用这些空余时间去看看书，学习一些自己感兴趣的东西。

最后，抓住课本，夯实基础知识，通过思考和理解达到融会贯通。如果不会做题，可以从最简单的开始，保持学习的热情，切勿消极气馁。给自己先定一个小目标，制订一天要完成的量，每完成一个任务就划掉，然后按照自己的计划一步步来。大学的学习少了些约束和他人的催促，更多的是靠自觉和自律，如果在这个过程中感到疲惫就多去散散心，平时也可以多去操场做运动，保持良好的身体素质，放松自己的同时也为学习创造良好的身体条件，等调整好了身心可以再去完成想做的事情。

2. 新生入学，怎样面对吃力的课程？

confused!

问题： 我是大一新生，入校后感觉自己的学习能力下降，很多课程的学习非常吃力，有些课程感觉听懂了但课后作业却无从下手，还有一些课程听起来感觉糊里糊涂，听完之后心里空落落的，看到课堂上其他同学和老师积极互动，好像在这个集体里只有我自己学习这么吃力，我究竟该如何打破这一局面？

解惑：

刚进入一个新的环境或多或少都会遇到这样的情况，这是正常的，不必过分焦虑。由于高中各地区采用的教材不同，各人拥有的教育资源不同，学习方法也不同。能来到同一个集体就说明大家的学习能力并非天壤之别，因此不必有"我蠢，我笨，好像就只有我自己这么吃力"的感觉，一定要多关注自身的闪光点。

首先，要解决问题就要明确原因，可以求助任课教师和辅导员，共同探讨一下是不是自己的学习方法出现了差错，或者是自己的知识结构不够全面。只有找到原因，才能对症下药。如果是学习方法上出现了问题，那就要在课前作好准备，也就是要真正地做到课前预习。对所学知识有所了解，发现问题并且带着问题进行听讲，从而做到有效听讲，这样知识也更加容易掌握。上课时也尽量坐前排，课堂中积极参与交流和互动，做到不懂就问，真正地发挥课堂的主体作用，勇于提出自己的观点。还要有意义地听，在听的过程中结合思考做好课堂笔记，单纯地听课容易让人产生懈怠和枯燥乏味之感，记笔记可以帮助大家快速整理记忆。大学上课节奏可能比较快，课后要及时复习、回顾，并且补充笔记，对于课堂上出现的不懂的知识点，要花心思和时间去查阅资料，不能有得过且过的心态。如果是自己的知识结构不够全面，那么就一定要通过课余时间多读书来提升。可以借助他人的指导，有针对性地高效阅读一些书籍，老师也会推荐一些书籍，但是不要贪多，只挑几本相对经典和基础的书先阅读，以便为之后的学习奠定基础。

其次，要学会记忆，学会整合知识点，将所学知识有条理地分类，构建思维导图，以利于之后的记忆、掌握和温习，不断将新旧知识点进行结合，逐渐完善知识体系。合理用脑，学会交叉复习，防止大脑长时间对一门学科产生疲惫懈怠，交叉复习可以刺激大脑皮层产生兴奋，有利于对知识点的记忆与掌握。不要拘泥于老师和课堂，有时候老师上课没有讲清楚的地方可以自己学，可以在课后看看其他版本的书。另外，要学习高效的阅读方法。练习速读记忆这种高效阅读方法，提升阅读速度、注意力、记忆力、理解力、思维力等，便于在之后的文章、材料阅读时快速提炼重点，整理、归纳、分析，提高理解和记忆效率，同时也便于节省时间做其他的事情。

最后，要调整心态，积极面对学习和生活中的事务。大学的学习应当是广义上的学习，它不局限于文化知识的学习，而是要尝试新的事物。面对新的环境，要提高自己的适应能力，才能得心应手地去学习、去生活。大学一年级的重点不仅在于课堂，而且在于认识到大学的角色。大学和我们初、高中所接受的应试教育不同，大学四年后很多人都要走向社会，大一是大学开始的阶段，最重要的不仅是学习知识，还要培养良好的习惯和专业素养。多与学长学姐等过来人求取一些宝贵经验，和他们接触了之后就会知道，大学一年级的知识学习重要的是找到适合自己的学习路径。大学除了上课、考试外还有很多的学习方式，譬如参与一些老师的课题、参加专业性的社团和一些专业大赛等，这对于学习也很重要。大学时光短暂而又宝贵，一定要早早规划好自己的学习和生活，建立自己的学习模式和学习习惯，度过有意义的大学时光。

3. 不喜欢现在的专业，我应该跨专业考研吗？

confused

问题： 大学里学了自己不喜欢且不擅长的专业，感觉每天都过得很痛苦。对自己的前途感到迷茫，找不到自身的发展方向。转专业无望，想跨专业考研，我该怎样抉择？

解惑：

对自己的前途感到迷茫，找不到自身的发展方向是在很多大学生中存在的现象。这种现象的存在不仅容易导致大学生产生自暴自弃的想法，甚至影响了他们的身心健康。让自己不痛苦的方法不是沉浸在痛苦中感受它，而是去找到根源解决痛苦。

首先，真的是因为专业偏冷门，没选到自己喜欢的专业吗？究竟是因为流传着冷门专业这一说法而受到了影响？还是真的不喜欢这个专业所学的内容？如果每天强迫自己面对不喜欢的专业，而自身的不擅长又会加重挫败感，变得更加不喜欢这个专业，从而产生心理压力，结果得不偿失。其次，可以求助学长学姐或老师，将自己内心的苦恼倾诉出来，进一步明确自己的方向。最后，建议先了解一下自己的专业，去尝试着学习它的相关内容。如果发现自己学习起来也很痛苦，那有可能不是你讨厌现在的专业，而是自己想要的太多，或者是认为目前的专业无法给予你想要的。不如试着调整心态，看看自己如果学习现在的专业能做到什么程度。很多时候并不是没兴趣而是因为不擅长，很少会有人对自己不擅长的东西感兴趣，那么当你擅长了，自然而然就会产生兴趣。而且最重要的是，当对某个东西很擅长时就会慢慢有自信，而这种自信也会辐射到其他领域。要达到这种擅长，前期就必须花大量的时间去学习，毕竟"实践出真知""行行出状元"，只是一味地听别人的观点去走自己的路，多多少少是在过着被操控的人生。

倘若还是不能消除痛苦，建议再以跨专业考研的实际行动来掌控自己的人生方向。但只有想法是不能够解决问题的，还需要付诸实践。可以行动起来去了解情况，以此给自己一个明确的目标。分配好自己的时间，一方面降低对本专业的期许度，不必强求自身在本专业获取多好的成绩，以免出现身心俱疲的现象，但即使再不喜欢本专业也不要出现不及格的情况，否则会影响今后的考研或者获奖。另一方面，利用课余时间去听一些其他感兴趣专业的课程，读一些相关书目。转专业无望的情况下，也可以再辅修一个自己喜欢的学位，但这时需要兼顾好两门专业的学习，一定要调整好自己的心态，接受自己的选择。可以多和前辈交流，深入了解，拓展眼界，在丰富自身认知的基础上奋力成长，不要荒废短暂的大学时光。

4. 如何破解学习上总是三分钟热度的难题？

confused

问题：自身没什么能力，英语也很差。想去学习，但感觉提不起兴趣，总是三分钟热度。感到焦虑，觉得学习好没意思，特别是在学习英语时坚持不下来，久而久之就开始逃避英语。感觉手机也没什么好玩的，整天总是发呆，出现了得过且过的想法，找不到动力与方向。如何改变做事三分钟热度的现状呢？

解惑：

首先，没有学习兴趣、学不进去、不想学等是很常见的情况。出现这些情况时，不要怀疑自己，也不要过分指责自己，因为每个人多多少少都会出现。学习本身就不大容易，你必须在学习和接受教育的过程中克服自己的惰性、偏见、投机取巧等负面情绪，并逐渐建立一个完整的人格。负面情绪很容易带来挫败感、无能感，觉得自己不够好，而人本身的心理防御机制就会让你逃避这些痛苦，所以三分钟热度现象就自然而然地产生了。关键是要找到问题的根源再想方法来解决它，但问题真的是"对学习不感兴趣，不知道怎么办"吗？不要太过关注自身弱项和妄自菲薄，要从根源上清楚自己只是暂时性内驱力不足。那么为什么会这样呢？解铃还须系铃人，要想唤回内驱力，需要搞清楚自己的需求是什么，你想要学好英语是为了什么？你读大学是为了什么？继续这样懒散下去不做出任何行动的后果你是否能够承受？

其次，多问问自己想成为什么样的人？可以试着在纸上写下你想要什么，想成为什么样的人，大脑和手一同将自己的想法输出到纸上，然后把大而远的目标均摊成每一天的小目标，变成具体可行的行动点。让具体行动得到落实，这一点非常重要。也许解决这个难题只是从一件非常细小的事情开始，重要的是，要让自己找回做事情的信心。在分析完问题，作好心理建设后，实施一些具体可行的行动。比如不要在一开始就想背完一本单词书，学英语可以从攻克一个个小目标开始，可以从每天固定的单词量背起，阅读固定量的英文短文，可以给自己设置一定的目标完成奖励机制。必要时可以做一些冥想练习来集中自己的注意力，试着坐在椅子或者垫子上，调整自己的呼吸，很自然地跟随自己的气息，在呼气和吸气的过程中默念"呼气""吸气"，耐心做完这种练习就能感受到注意力的集中。

最后，要做学习的主人，体会学习的快乐。比如主动预习，上课主动去想老师讲的内容，遇到问题时多与老师、同学交流讨论等，在这些过程中，兴趣就会慢慢被激发出来。通过转换思路，主动培养兴趣。兴趣不是天生的，也不是想出来的，而是在做的过程中逐渐培养出来的。真心想做一件事时，再大的困难也可以克服；不想做一件事情时，再小的阻碍也会成为理由。很多时候，先决条件很重要，但更重要的是后天自己创造的条件。要想成为想成为的人，不要只是说说而已。从现在做起，从今天做起，人生的每一天每一刻，都是在为自己的明天铺路。

5. 你是课堂提问"低头族"吗?

confused

问题: 上课不喜欢回答老师的问题, 虽然只有上课回答问题才能获得高的平时分, 但我还是控制不住地在老师提问的时候低下头, 更不敢和老师对视。我究竟该怎么办?

解惑:

每当老师课堂提问时, 就会出现部分同学低头默不作声的现象。或许大部分不爱回答问题的同学也有着同样的困扰, 因此不必过分焦虑。课堂上回答问题还是很重要的, 大学很多专业课成绩都分为平时成绩和考试成绩, 而平时成绩的得分依据就是作业、考勤和课堂表现。很多学校期末成绩和平时成绩都是六四比例, 所以同学们还是要多在课堂上回答问题。

其实享受过程是学习的最好方法, 无论是加深学习过程中对知识的理解, 还是提升自我能力都是不二之选, 因此还是建议同学们少做课堂"低头族"。如果你知道问题的答案, 能回答最好, 一方面可以加深对学科知识的理解, 另一方面, 也可以让老师认识你。如果你不知道正确答案, 但是有自己的想法, 也建议你主动举手回答, 就算错了老师也不会批评你。如果有些地方不懂, 就举手提问, 老师肯定会想办法回答你的问题。总而言之, 保持对于学习的积极性总是没错的。但是要想解决课堂上不由自主低头回避的行为, 应该首先搞清楚自己为什么不喜欢回答问题, 是对自己的水平能力不够自信还是胆怯当众发言?

如果是第一种, 建议加强自身学习, 先调整好自己的学习心态再改进自己的学习方法。其一, 从心态上接受学习, 可以先以兴趣为导向, 研读一些书籍, 再不断地扩大阅读面。平稳心态, 学习本就是一个循序渐进、由苦到甜的过程。可以设置一定的正向激励, 在完成一定的小目标后奖励自己, 从而获得一定的满足感。采取循序渐进的学习方法, 这样就能随时感受到自己的进步, 从而又能从进步中感到自信。其二, 从学习方法上完善学习, 可以适当地通过一些网络平台来观看视频辅助理解。课前早到几分钟或许对大家来说都不是件太难的事，但是如果在这短暂的几分钟里迅速浏览本节课的内容，可以使你在课堂上更集中精力听讲。长此以往，能更容易体会到整堂课的魅力。上课时一定要做好笔记，方便课后的理解巩固，其实做笔记代表大脑在接受了输入之后的输出，在这个过程中可以通过大脑转换，形成具有自己风格又方便记忆的思维导图。课后一定要及时复习巩固，夯实自己的知识基础，让自己有充分的自信和底气；与同学多多交流，产生观念上的碰撞而加深对某一知识点的理解记忆。

如果是第二种，建议尝试回答一次问题突破自己，有了一次成功的突破后，相信怯场的状况一定会得到很大程度的改善。要知道即使你的答案错误，也没有什么不好意思的。要克服自身的胆怯，可以慢慢尝试跟活跃的人多交流，也可以多发言建立自信。在老师提问的时候把你知道的告诉他，如果观点或角度足够有新意有想法，说不定还会让老师和同学对你刮目相看。除此之外，在自己熟悉的知识领域阐述自己观点的感觉是值得享受的，还可以锻炼自己的口语表达能力。

6. 学业与学生工作的关系到底该怎么平衡？

confused

问题：大学阶段究竟是该全面发展，锻炼能力，多参加学生工作和社团工作，还是应该以学习为主，保证学分成绩？学业与学生工作之间究竟该如何取舍？

解惑：

虽然学习是学生的第一要务，但也不是生活的全部，学生工作可以有，但别让它占据自己太多时间。大学不像高中，它是一个人全面自我发展的重要时期。全身心投入学生工作不一定是好事，因为它会占用你大量的时间和精力，最好是根据自己的情况合理安排。

如果你现在的专业是一个发展潜力很大的专业，专心学习就可以为你带来更好的未来，那学习必然是第一要务，要根据自身情况分配自己投入学生工作的时间。在学业与学生工作全都难以取舍时，要尽可能地做到以下几点。其一，高效工作。在分配到任务后，少一些抱怨，可以试着想这个任务或许能锻炼自己的能力，带来某些收获，在此基础上全身心投入，高效完成工作任务。其二，高效学习。要有良好的学习习惯和自学能力。因为有工作在身，课堂上的时间显得更加珍贵，要珍惜课上的每一分每一秒。有时候还可能因为工作而落下一些课，这时就需要靠自主学习来弥补。其三，在以上两点基础上，高效利用时间。学习和工作的时间要分开，学习时间只学习，工作时间只工作。另外，还可以利用业余时间多思考工作或学习中出现的问题。最后，反思总结。学习和工作一段时间后需要自己进行反思，总结前一阶段的问题并思考相应的改进措施，这样才能不断进步、有所收获，才有动力勇敢面对新的挑战。

如果十分热爱学生工作，自然也可以根据自身情况多分出一些精力放在学生工作上。学习重心也可以转向你想要从事行业的专业技能。可以想想自己的人生追求，向往什么样的生活。你想要的，也会是你的原动力。另外，还需要确定自己的主线职业，未来可能不会一直从事一种职业，但首先要找到一个你最想做的、最有兴趣投入的主线职业，然后把更多的精力投入其中，去学习、去实践、去积累经验。最后，找机会做兼职。一定要让自己有充分接触社会的时间，这可以通过兼职实现。通过这些，可以对社会、对人与人之间的关系等了解得更加透彻，也能积累大量的实战经验。

总之，以学习为主还是以学生工作为主，取决于你本身的兴趣以及个人对未来的规划。如果将来打算从事与本专业相关的工作，那自然应该以学习为重。这是一个如何取舍的问题，而不是孰对孰错的问题。以学习为主，可以获得更加扎实的专业知识；以学生工作为主，可以较好地锻炼你的组织能力和社交能力。可以有侧重，但不建议完全丢弃另一个。

7. 沉溺于空虚洪水中，目标究竟为何物？

confused

问题：我奇数周交作业，勤换衣，定时服用维生素B2，早上两个鲜肉包和永和豆浆作早餐，吃完晚饭上自习，图书馆关门后去北操场运动，睡觉前和同学道晚安。第二天醒来，又是同样的一天。我在这辆名曰"生活"的公交车上摇摇晃晃了快20年，耳旁总有模模糊糊的报站声，可意识到时，目的地早已错过。后来，我甚至忘记上车是为了去往何处。我总觉得自己只是将某一天过了很多遍。空虚就像洪水，即将把我淹没……

解惑：

在很多人的印象里，"空虚"往往与"寂寞""孤独"等词是通用的，但实际上它们之间有所不同。"寂寞""孤独"不总是消极的，相反能耐得住寂寞才能成就事业。从心理学的角度看，空虚是一种消极情绪，一种负面的内心体验。一些人嘴上常挂着诸如"唉，真没劲""这个世道我算看透了"之类的口头禅，看似手头工作不断，但往往碌碌无为，他们就是我们常说的"心灵空虚的人"，而大学生在其中占到了很大的比例。人们的空虚总是有迹可循的，其原因大都归结于以下三点：

第一，你只是看上去很忙。你觉得自己过得好累，各种事情应接不暇，殊不知你只是在瞎忙。你没能为自己规划一条适合自己的道路，再饱和的日程表也只是在分散你有限的精力。有时候你也会想朝着某一目标努力，但总是浅尝辄止，新鲜感和轻松让你妥协了。你默认不去选择，不愿意承担选择后可能会出错的后果，你明明清楚地知道自己该做什么，可你就是管不住自己，在看到榜样的时候，你会为自己打一针强心剂：我也要像他那样厉害。可是三天之后，你还是原来的那个你。

作出自己的选择！与其乱打乱撞，不如集中精力，去完成真正有助于你实现目标的任务。或许你更愿意在那些自己有优势的科目上花时间，而不是那些你急需补救的弱势科目，还会美其名曰：那些有优势的科目是自己感兴趣的。大多数时候你不是感兴趣，只是在当时的环境下选择了一种让自己更舒适的选项，乍看起来你确实很勤奋，但是这种勤奋能不能解决问题就另当别论了。

第二，成就感阈值上升。在高中，学习为重，老师看好你，父母也对你呵护备至，这样的生活虽然累，但会有很强的满足感，会让你有更强大的动力去赢取下一次的成就感，会觉得做学习之外的任何事都是在浪费时间。但在大学评价每个人的标准很多，你一下子应接不暇，高中优秀的你，到了大学也不甘示弱，想做好每一件事，做班干部、做社团骨干、进学生会、入党、拿奖学金、和同学搞好关系，你想要取悦各类人群，你什么都想做，结果什么都难以让你满意。

第三，缺乏理想，自我麻痹。部分同学在进入大学之前没有形成独立的价值观，再加上自己学识和能力上的不足，根本驾驭不了突如其来的大好时光，你拥有的时间只能让你更空虚，你对任何事都失去了以前的归属感和成就感，进而产生了自卑感和空虚感。所以你尽量让自己合群，用合群作为挡箭牌掩饰自己，你觉得，周围的人大概都是这样做的。

究其一点，你是否有一路以来支撑你前行的崇高理想？难道那些为自己真正喜欢的事情努力的人不累吗？当然累，但是这种累和那种茫然无措的累是完全不同的。有些人可以每天匆匆走过凌晨 4 点的街道，专注来做一件事。这种人可能不怎么受欢迎，他们也承受着来自外界的质疑，他们的生活有时也会混乱不堪，但因为有了明确的方向，任何混乱都难以使他们困惑而停滞不前。

空虚，主要还是因为你的人生失去了方向。一旦道路确定下来，就可"纵然岸旁有玫瑰、有绿荫、有宁静的港湾，我是不系之舟"。

8. 怎样与"拖延症"说再见?

问题: 内心很想学习,很想进步,可是下定决心学习的时候就各种拖延,"学习五分钟,手机两小时"的情况常常发生,总要拖到最后期限才能完成作业。究竟该如何克服学习上的拖延症,集中精力高效地学习?

解惑:

"拖延症"是当今非常普遍的一种现象。爱玩是人的天性,但一定要告诉自己,该学的时候认真学,该玩的时候好好玩,一定不要边玩边学。不要让学和玩的想法在脑海中同时存在,更不要无节制地去玩。每次只做一件事,并争取一次性把事情做好。保持专注的状态很重要,本来要两个小时做的事情,一旦专注去做,可能不到一个小时就搞定了,那么节省下来的时间可以用来彻底地放松,这样既完成了任务,又可以有更多时间好好休息。

首先要明确学习上产生拖延症的原因,为什么快乐和痛苦的两条路径大家总是会选择快乐的那条?其一是任务太过艰巨,自己不够自信觉得无法胜任。很多人因为内心恐惧所以拖延,有时是因为任务本身过难,有时则是因为给自己制订的计划难以完成,所以才想要拖延下去。其二是因为太过于完美主义,完美主义者不是因为恐惧才不开始,而是因为他们不想面对不完美的自己。其三是对未来的自己太过自信。他们会低估未来任务的难度,认为未来的事自己会用更少的时间去完成,但实际上在拖延之后,很多事情都会潦草收尾。其四是自我欺骗。有些人拖延得令人难以察觉,拖延重要的复杂的任务,选择做一些简单的任务,还认为自己很勤奋,但其实真正的任务还未完成。

那么,究竟该如何与"拖延症"告别?首先,可以引入监督方。也就是告诉别人你要在多长时间内完成某个任务,人人都有信守承诺的动力,失信于人总是不好的,大声地说出来,即使别人并不跟踪你是否完成,你也会感觉自己在被监督,督促自己按时完成任务。其次,将任务分解,降低难度。将任务分解成若干简单的小任务，逐步推进直到全部完成。小任务相对更容易处理，这样会大大减轻你的心理负担，并且每完成一个小任务，可以获得一定的成就感，这种持续的成就感会鼓励你继续坚持，而大任务会让人有畏难情绪。最后，放手去做，别留退路，不要去想要不要开始，而是想过程是否有趣，或者完成任务时自己会有多么快乐。

其实拖延症的情绪基础是焦虑，因为做某件事情让自己感受到了巨大的压力，从而不愿意去做这件事情，产生一定的抗拒心理，从而一拖再拖。当你觉得自己处于无意义的焦虑的时候，要适当地解压。拖延症的身体基础是疲劳，当你觉得疲劳的时候，自然会把事情向后拖。疲劳有劳累产生的疲劳和焦虑产生的疲劳，前者要靠锻炼身体，后者要靠科学地放松。锻炼身体初期可能会让自己更疲劳，但坚持下来，就会见效。

在学习的过程中不要把可能会影响到你的东西放在手边，比如手机。最好把桌面上无关的东西全部清空，学习的时候任何东西都可能会影响注意力，甚至橡皮屑都可能会玩上好半天。可以制订一个计划，比如学习一小时休息十分钟，严格按照计划来，中间休息的十分钟可以上个厕所喝口水，或者闭目养神。克服拖延症其实并不靠技巧，而是靠意志。

9. 为什么会出现越读书越无知的感觉？

confused

问题： 明明有很多东西需要学习，可是越学习就越感到内心焦虑，无法集中注意力高效地进行，甚至还会出现各种自我怀疑、自我否定的负面情绪，不知道自己究竟是该继续往下读还是就此停下脚步。

解惑：

好书看得越多，就越会觉得自己浅薄，觉得自己懂的东西实在太少，自己需要去读去学的东西却太多。相反，读书少的人，往往没有这种感觉。殊不知知识的海洋是无穷无尽的，所谓"吾生也有涯，而知也无涯"。因此，出现这种感觉是正常的，不必过度怀疑和否定自己。

读书多的人眼界会更宽广，思想会更深邃，越来越容易吸收接纳不同的事物，很容易就能认识到同行者的伟大和自己的渺小，认识到真理海洋的浩瀚无边。我们刚开始读书就像一张白纸，别人说什么就信什么，随着书读得越来越多，就如同人生经历越来越丰富一样，在对同一个事件的不同叙述中，在外界参差不齐的声音中，会开始质疑白纸上的内容，开始感到困惑。为了找到答案，开始不断思考，渐渐发现了很多自己不曾发现、不曾怀疑过的问题，于是觉得自己无知了，但这恰恰说明我们开始思考了。

造成越读书越感觉自己无知的其他原因有以下几种：

其一，读了很多重复性的书籍，相关内容交叉多，读得虽多但新的内容摄取得很少。

其二，娱乐性的书籍多，知识密度低，所涉及的知识、思想以及作者水平受限，少量正确的、碎片化的知识构不成体系。

其三，读书多但不深入。知识是要吸收消化的，仅仅知道是不够的，不理解的内容反而更容易断章取义。

其四，对读过的书没有完全理解。有些书籍总是值得反复去读，每重读一遍都会有不同的收获。

在搞清楚原因之后，我们需要做的是先从思想上接受自己的无知，然后调整心态，沿着自己的规划进一步学习。

首先，可以有针对性地读一些书，读自己喜欢的书，读与自己专业对口的书，久而久之，将会提高自己在专业领域的知识储备，并把书本的知识真正地运用到生活中，践行知识的理论与实践相统一。

其次，作好读书的规划，在阅读之前可以先了解清楚书本的衔接度。尽量少地避免因为书本内容跨度太大而造成知识的暂时性遗忘和衔接困难，这就像"最熟悉的陌生人"，会进一步导致心理压迫，产生"读书无用，反正读了都会忘"的念头。

最后，读书也要有计划、有效率。读之前要大致了解书本内容，避免因为太晦涩难懂、不感兴趣而放弃，从而浪费精力；在读的过程中，要做到边读边思考，有思想性地输出自己的观点，不思考的读书等于没读书，同时也要做好读书笔记，对重点字词句进行勾划，有利于集中自己的注意力，同时也便于重读时体会当时的感悟；读之后及时写下自己的感受，也可以和志同道合的朋友交流分享自己的观点，采纳吸收他人之见来为自己所用，加深感悟。随着时间的推移，你将逐渐摆脱越读书越感觉自己无知的无力感。

10. 越临近考试越不想学习怎么办?

confused

问题: 考试前发现有很多东西还没复习,明知考试的重要性,也想在考试中脱颖而出,一改同学老师往日对自己的看法,但就是看不进去书,心里非常焦虑。考前对自己进行了摸底测试,"马冬梅背书"的段子终于发生在我身上,合上书后不知道,打开书又感觉什么都知道,这让我对考试越来越没有把握。白天对着自己的复习资料发呆,看似在图书馆待了整整一天,但学习效率并不高。手机上没有什么好玩的但就是控制不住想要看看,甚至还出现了报复性熬夜,觉得美好的晚上不应该用来睡觉。越临近考试越不想学习怎么办?

解惑:

很多人身上会有上述情况发生,明知一件事情的重要性,但就是想找各式各样的借口来妨碍自身行动,实际上是在"自我设障",为没到来的事情提前找好了借口。譬如有人会假设自己身体不舒服,影响当天的考试,为行为和言语设障,通过"做点什么破坏性的事情""什么都不做"来阻碍成功。声称自己没有认真复习,来公开表示自己处于不利的竞争状态,在失败时也容易博取他人理解。

针对此问题,困惑者需要调整心态,以平常心对待考试,要明确考试只是一次及时的反馈,它所反映和检验的只是一段时间的学习成果,无论结果是好是坏,都是查漏补缺、不断向前的指针。千万不能对考试太过于重视而产生心理压力,进而产生一些自我设障、自我欺骗的心理,更不能出现自我放弃的想法。即使努力后没有达到预想的结果也不要遗憾,更不要产生一种"如果当时再努力一点就好了"的悔意。当然,如果成功达到自己所期望的目标,那么接下来的学习生活一定会受到很大的鼓舞。

那么,究竟该如何破解这一难题呢?

首先,当觉察自我欺骗的行为、偷懒或者拖延的想法即将出现时,试着给自己拉响警报。要知道，如果常常故意给自己拖后腿，就很难了解自己真正的能力水平。

其次，改变不合理的信念。很多时候，你给自己设障是因为脑海中存在一个不合理的信念：必须要成功。但"必须"让我们又累又恼，哪怕一项没有达成，就会跌入"我笨""我愚蠢"的极端。如果能够尝试去改变自己的错误信念，例如将"我必须成功"转化为"我会尽力"，这样就算不成功，自己也不会太失落。

最后，从思想和心态上作出改变。树立正向激励，顺利在考试中取得好成绩就会很有成就感；但即便没有取得好成绩，也不会因为自己没有尽力而感到遗憾。

当然，"马冬梅背书"发生在复习的时候也是正常的，往往我们在复习时看见书中的每个知识点都有印象，但只是有印象而不是记住了，假如随机提问就会发现正确率极低。当然如果你一直很努力，那么还可能存在的一个问题就是你对知识的理解还不够，可能拆分开的每一章节都认真听了，但是贯穿整本书的时候却对知识的整体脉络没有清晰的认识。不用太过于担心自己会考得怎么样，只需要把注意力集中在自己的摸底测试上，看看哪些知识还没有完全掌握，明确了复习目标之后就会更愿意投身去复习。

11. 究竟该如何摆脱"考前焦虑症"？

问题：考前自己很努力，很想取得一个不错的成绩，但是发现自己好像越努力越焦虑，总会担心自己考不好辜负家长老师的期望，也害怕受到老师同学的质疑，非常想跟朋友诉苦，但又不想向别人传达负面情绪。究竟该怎样摆脱"考前焦虑症"？

解惑：

越努力越焦虑其实是一种正常现象。因为学生在学习时一般而言有三种状态。第一种状态是无知者无畏，不知道学习有多重要、学习意味着什么，因为不学所以不会焦虑。第二种状态是闻鸡起舞、发愤图强。尤其是那些学习成绩中等偏上和一直处在第一阵营的同学，每一天学得都很努力，但是他们一边努力一边看着自己前面的人着急，这个状态是正常的。第三种状态，就是知道山外有山，天外有天。大家常说，没有比较就没有伤害，实际上没有比较也就没有焦虑。当看到比自己聪明的人还比自己努力，自然而然会焦虑，只要这种焦虑不超过一定的度，那就是一种积极的、正向的、健康的焦虑。

面对即将到来的考试，有的人很轻松，而有的人容易出现担心、紧张等焦虑症状，更有甚者甚至会出现心慌、胸闷、气短等状况。可以肯定地说，考前焦虑是大部分人都会出现的状况。从一定意义上而言，焦虑在一定程度上约等于驱动力，但因为个体的差异，每个人的焦虑症状又会有所不同。

要想从根本上消除考前焦虑，首先要从思想上明确自己焦虑的原因。如果是自身能力的问题，建议多花一些时间在复习上，让自己更有底气面对考试。若在这个过程中走神严重，可以给自己一个积极向上的暗示，想象一些感兴趣的事情或者记忆中有趣的故事等。

倘若不是能力问题，可以在考前用精确详细的文字淋漓尽致地描绘出自己心中的焦虑。一来在你剖析自己内心情感的同时，这种莫名的焦虑感会削弱许多，甚至完全烟消云散；二来为你之后提笔继续记录下考后的感受提供了契机。经历完了刚刚还为之焦头烂额的考试，你一定会有一种如释重负的感受，此时想想考前真有必要那么紧张、那么焦虑吗？又是什么原因导致的？要是时光倒流你会怎么克服？当混乱的思绪转为清晰的文字，前后对比之后你就可以更加理性更加充分地发掘内心的隐忧，甚至得出一些宝贵的自我认知，下次再碰到考试等类似情况时就会有所改善。在复习的过程中也要劳逸结合，尝试着做一些舒缓性的呼吸练习，给予自己一些积极的自我暗示。

最后，可以通过以下方式来缓解焦虑症状。

第一，降低目标值。缓解考前焦虑症，需要将自己设定的目标值适当地降低，或者要求家长不要给你设定超过你能力范畴的目标值，目标值应该设定在自己能够轻松完成的范围内，设置太高，就会给自己很大的压力，压力超过自己所能承受的范围时，就会引起身体的不适，比如出汗、紧张等。

第二，学会释放压力。适当的压力对机体是有益处的，有压力才会有动力，当压力超过自己承受能力的时候，我们要学会释放一些压力，比如将自己的注意力转移，听音乐、散步或者大喊等。

第三，与人倾诉。缓解考前焦虑症，可以向自己的亲朋好友或者要好的同学进行倾诉。当有人理解你、安慰你时，你就会轻松一点。

第四，注意睡眠质量。缓解考前焦虑症，还需要一个好的睡眠，这样白天才能有良好的状态，才能精力充沛，否则注意力不容易集中，如果陷入恶性循环，反而会加重考前焦虑。

第五，参加体育锻炼。适当地参加体育锻炼可以促进新陈代谢，对于缓解焦虑也是非常有效的。

12. 努力与结果一定成正比吗?

confused

问题: 我是一名喜欢钻研问题,对自身要求很高,喜欢刨根问底且非常勤奋的大一新生,因为想要在有限的领域里更深入地学习,所以一边努力学习课本知识,一边在课余时间看很多相关书籍。因为学习强度大,我放弃了很多课外活动,经常熬到半夜,导致经常头昏脑涨、情绪紧张。我克服不了自己这种争强好胜的心理,结果搞得身心疲惫,期末成绩也不尽如人意。我很困惑,究竟是要改变心态还是改变学习方法?

解惑:

首先,出现这种问题,是学习动机过强的表现,需要转变自己的思想,调整自己的心态。目标过高且自尊心强,过分看重自身学业,造成学习强度过大,产生心理疲劳,这是大一新生刚步入大学生活常见的一种现象,也是十分正常的。可以先试着作好规划,分配好自己的时间,尽可能做到劳逸结合。要明白,大学生活不只有学习这一件事,人际交往和愉悦身心也很重要,要学会安排生活。把努力当作一种学习的姿态,而不强求得到满意的结果,这样心理落差也就不会很大。

其次,大学的学习方法与高中有所不同,高中阶段有老师手把手地教导学生应该学什么及怎样学,学生只需要被动地接受。而进入大学之后,失去了家长和老师的监管,拥有极强自觉性的学生很容易陷入学习动机过强、急功近利的泥潭。新生们应当尽快适应大学学习生活,完成从监管性学习到研究性学习的转变,减少不适感。经常熬到半夜,学习时间过长、缺少休息而导致精神恍惚,就证明这种学习方法是不可取的。这样长期下去不仅达不到学习的效果,反而会对学习产生抗拒心理,久而久之将会偏离自己想要获取更多学识的初心。可以针对自己专业是偏向理论性还是实践性的特点,有效地做好准备,安排好自己课前、课中和课后的各项学习任务,对知识进行巩固夯实。经常做一些发散性思维练习,做到对一个题目的举一反三,多考虑问题和答案更广泛的适用性。不能只是简单地进行知识的输入而不练习输出，要学会多思考，只有思考和读书并进才是真正有效的学习。

最后，可以多和学长进行交流，获取一些学习经验和心理上的调节，同时多参加一些课外实践活动、社团或者学生组织，不仅能丰富自己的人际关系，也能获取更多信息，转移注意力。发现自己更多的闪光点而不是一味地聚焦在学习这一点上，防止进入"死读书，读死书"的恶性循环，妨碍自身潜能的发掘与发挥。可以适当地缩减自己的目标值，降低对自己的要求，要放平心态，不要过于争强好胜，以免造成自身心理负担过重而导致心理疾病，不一定每件事都要强迫自己做到最好。努力与结果不一定成正比，也可能只是没有在成绩上表现出来，但可能在其他方面得到了提升。可以试想一下，你在学习的时候记住了某个知识点，只是考试的时候还没有学会融会贯通，所以做不出题，当你把知识点一点一点地积攒下来，就算成绩没有提升，也会得到自我提升，这也算是努力的结果，所以不一定要把注意力聚焦在成绩上。大学四年时光匆匆而过，不妨作好规划，好好享受这短暂又快乐的美妙时光，当以后想起时，也不会因为自己的大学四年只有单调的学习生活而遗憾。

第三章

情 感 困 惑

大学生思想困惑及其应对

大学生思想困惑及其应对

1. 何为爱情？

confused!

问题： 我是带着好奇和懵懂开启初恋的，我觉得，爱应该是热烈的、真诚的、不掺杂任何东西的，遇到了就要好好在一起。我记得所有的纪念日，会给他准备小惊喜，会提前买好门票一起去看他最爱的电影。我替他找借口原谅他的不解风情、不懂浪漫。但我慢慢发现，整段感情里只有我一个人在努力，就像单方面在享受为一个人而付出的感觉。这是爱情吗？

解惑：

每个人都渴望真正的爱情。什么是爱情？有的人读懂了它的含义，有的人则倾尽一生在找寻答案。我们的古人对爱情的解答总是带着一抹深情，有"山有木兮木有枝，心悦君兮君不知"的单相思，有"情不知所起，一往而深"的款款深情，亦有"衣带渐宽终不悔，为伊消得人憔悴"的痴守。然而，在现在这个追求"速度"的时代，也造就了快餐式的爱情。

爱情是现实生活中，双方基于一定的物质基础和共同理想，在各自内心形成的真挚的相互倾慕，并渴望拥有对方的强烈而持久的感情。按照心理学家的话来说："不成熟的爱是，因为我需要你，所以我爱你；成熟的爱是，因为我爱你，所以我需要你。"爱情是平等的，没有高低贵贱之分。就像诗人舒婷在《致橡树》中写道："我如果爱你，绝不像攀援的凌霄花，借你的高枝炫耀自己……我必须是你近旁的一株木棉，作为树的形象和你站在一起。"如果爱情中的一方总是付出过多，而另一方安然享受，可能让付出多的一方感到"多情反被无情恼"，给感情带来伤害。

爱情是一种怦然心动，当真正喜欢一个人时，你的心是有感觉的。爱情是两个人之间的情感，因此，爱情一定是双向的，而不是单向的，只有一方的一厢情愿，如单相思、暗恋或放下自尊乞求来的感情都不能称之为爱情。爱情是一种强烈的感情，"一日不见如隔三秋"。它专一，带有幻想和强烈的主观色彩，所以，在对象的选择上会在意对方的年龄、外表、性格、气质等因素。爱情跟荷尔蒙相关，没有怦然心动的绝不是爱情，有可能是钦佩、适合或仅仅是相处时觉得舒服等。脑科学表明，人们坠入爱河的时候，大脑会不断释放出一组特定的化学物质，包括神经递质激素、多巴胺、去甲肾上腺素、5-羟色胺和苯丙胺(又译作安非他明)，这些化合物会刺激大脑的愉悦中心，导致出现心率增加、食欲减退、失眠等症状。研究表明这个阶段通常会持续一年半到三年。

爱情是以怦然心动开始的，但是会不会有后续的发展，还得看两个人的相处。好的爱情一定是谈恋爱谈出来的，要通过谈恋爱这段时间的相处，确定对方是不是那个对的人，包括三观是否相合，吵架的时候怎么解决问题，以及对于未来的规划是怎样的，是否真的适合走进婚姻。双方情投意合，你对他好他对你也好，唯有如此，为爱付出才会心甘情愿。只有一个人的付出不仅会累，也会不情不愿。

"只求曾经拥有，不求天长地久"的快餐式爱情更多是一种追求享乐的态度，也是对爱情的误解。真正的爱情不仅有强烈深厚的情感基础，而且有相伴永久、共度一生的愿望与追求。真正的爱，非环境所能改变；真正的爱，非时间所能磨灭。真正的爱情，是初见乍欢，久处不厌。杨绛和钱钟书之间的爱情就是如此，他们相伴相守六十余载，始终如一，是世间爱情最好的典范。他们曾经衣食无忧，也曾经生活窘迫，甚至有过长时间的异地相处，但是，他们却始终眼中只有对方，不离不弃。经得起时间考验的爱情才是无价的。

现实中恩爱的情侣很多，但能真正走到最后的却很少。任何一段爱情，经过了时间的洗礼，都会趋于平淡。在这个阶段，并不是爱情消失了，而是缘于彼此不懂得维系感情。最坚固可靠的爱情，往往都是在平淡的日子里相守获得的，由爱情步入婚姻，当走过激情期，还需要在平淡的生活中互爱互助，共同经营，彼此滋养，不断丰富、深化双方的情感，才能让爱情随着岁月的流淌而不断升华。

2. 如何处理爱情与物质的关系？

confused!

(1) 没钱可以谈恋爱吗？

问题： 心里有喜欢的女孩，但我不敢追，怕谈了恋爱，自己连两个人在一起吃饭的钱都没有。想着自己连她物质上的基本需求都满足不了，还谈什么恋爱。与其跟着我受苦，还不如让别人给她幸福。怎样克服这种心理障碍？或者说，没钱的情况下怎么谈恋爱？

解惑：

富有富的逍遥，穷也有穷的自在，生活总能继续下去，自然也能越来越好。不论经济基础如何，爱情平等地赋予了每个人同恋人在夕阳下漫步，慢慢培养感情的权利。感情的培养不是靠花言巧语，也并非物质层面的富足，而是与对方精神的高度契合以及在摆脱逆境过程中所展示出的切实行动和乐观心态！

少年休畏穷！而最应警惕的是因为家境不好产生自卑心理，进而在方方面面表现出的不自信，将很多不公平的待遇都归咎于家庭，自怨自艾为什么单单自己要受苦……这些，才是爱情真正的障碍！如果你觉得自己没有谈恋爱的经济条件，大学里做兼职的机会很多，用实际行动去改变当下的命运，总比让意中人久久停留在想象里好得多。

谁都无法否认，爱情伊始，"物质"就为其标上了无形的"保质期"，纵使沧海桑田也难以将它彻底地抹去。而当热恋的激情退去，总还有相爱相惜的恋人们渴望就此执手一生，他们凭借信念、努力以及彼此间的默契，终于将这一期限定格在了一生。

(2) 恋爱中应该 AA 制吗？

问题： 每次和男朋友出去吃饭，我都会付一半的钱。可是我朋友对我说情侣之间不应该计较这些，男生应该多负担一点。我不明白，到底应该怎样处理这种问题呢？恋爱中是否应该 AA 制呢？

解惑：

谈及消费，每个人都有自己的一套理论，可谈到情侣之间的日常花销，我们却似乎有一种固有的思维模式：女方提出 AA 制代表她有礼貌、有气度；相反，男方提出 AA 制代表他不大气，多算计。

事实上，情侣之间实行 AA 制是很正常的行为，毕竟还不是夫妻，不存在所谓"共同财产"。AA 制不仅能体现出双方的经济独立，也体现了情感关系中二人的平等地位，尤其对于女生来说，当你决定自掏腰包，无形中也避免了男性因为买单而自以为获得了"额外的权利"。彼此不亏欠，即便以后关系不和也能去留自由。当然，如果你们真的已在精神层面上达到了完美契合，钱这种身外之物也不必过多在意。

"男人买单"曾在人类的思维习惯和行为习惯上留下深刻的烙印，随着现代社会性别角色的差异愈发模糊，这一烙印也在逐渐弱化。但不变的是，爱情仍需要男方证明他的物质基础。因此，对于还没有正式收入的学生，建议情侣们可以设定一个大致的数额，共同消费一旦超过这个数额，就采用 AA 制。

(3) 爱情与物质应该怎么选择？

问题：我和闺蜜对未来伴侣的条件产生了重大分歧，她想找的男生将来得有经济实力给她买大房子住，也可以随时陪她奔赴世界各地游玩，在她看来，钱比爱情可靠得多。而我觉得我心中的那个人一定要英俊帅气、浪漫温柔，和我心意相通，只需一个眼神，他就能明白我的意思，而且感情专一，必须对我不离不弃。至于金钱，我觉得真正的爱情是没有这个附加条件的，即使我爱的他一无所有，我与他在一起也会觉得幸福。我们俩谁的看法正确呢？

解惑：

一定有人问过你："你是要金钱，还是要爱情？"当然，无论你的回答是什么，一定是基于当前你所拥有的东西来回答。

如果你已经拥有了金钱，自然体会不到没有金钱的滋味，也许会义无反顾地为了寻求爱情而放弃金钱。相反，如果你没有金钱，自然期望拥有很多金钱的同时，还能够拥有一份美好的爱情。甚至金钱的价值，会超越爱情，成为你追寻的主线。

现实生活中，很多人对爱情的期望往往非常理想化，但这种高期望值会带来两种截然不同的极端认识：一是信奉金钱万能，坚持认为有钱就会幸福，就能获得爱情带来的愉悦感；二是信奉爱情至上，坚持只要爱情不要金钱。其实金钱与爱情，从来都不是对立的。

爱情是人们发自内心的情感需求，是心灵的碰撞和契合，真心相爱的爱情是纯净而透明的，任何物质条件都无法完全替代这种相通的情感体验和情感需求。然而，只有爱情没有金钱的生活就像一朵永远见不到阳光的花，也得不到露水的滋润。

大家都生活在一个现实的世界里，最基本的需求就是生存，很显然，爱情无法满足人们全部的生活要求，也无法代替金钱在生活中起到的作用。

在两性关系中，不能因为感情需求太过盲目，也不能因为物质需求而太过现实。要知道，幸福美满的生活来自于这两者的平衡。金钱不能代替爱情，爱情也无法代替金钱，爱情加金钱，才是完美的生活。所以趁现在，男生努力学习工作，将来能有足够的底气给心爱的人更好的生活，女生也一样，越努力越幸运，只有自己足够优秀，才会有更优秀的人来爱你。

3. 在亲密关系中如何应对欺骗？

confused

(1) 如何面对背叛？

问题： 上学期经舍友介绍认识了现男友。他的幽默风趣、体贴关怀，使我感到很幸福很开心。可就在我沉浸在美好的爱情之中时，有一天，我意外在他的手机上看到一条来自他前女友的短信，简直是晴空霹雳。当天，我、他以及他的前女友三个人见了面，男朋友承认背着我在和前女友交往，而他的前女友说，他一直骗她，说他和我早已经分手了。我从来不去检查他的手机，他在我面前接电话或者发信息时从来都是很坦然，现在他却欺骗了我。我难以接受这样的背叛，现在对爱情都不怎么相信了，对别人也不怎么信任了。

解惑：

在所有感情的伤害性行为里，没什么比背叛来得更加痛彻心扉，因为背叛会让你很痛苦地意识到伴侣并不像他(她)表现得那么珍惜这段感情。同时，你感觉到自己不被尊重。

毫无疑问，接受背叛是很难的。不过，当背叛发生的时候，你也应该学会调整心态，以积极健康的态度应对背叛。

首先，直面背叛而不是否认它。既然它已经发生，逃避是解决不了问题的。是他(她)背叛了你，不是你背叛了他(她)，你才是受害者，所以没有必要觉得不好意思。同时可以找朋友倾诉，尽可能地缓解焦虑。

其次，要转变自己的心态。不要纠结于过去，既然分手已成定局，你要做的就是坦然面对，彻底放手，无须再去挽留，也无须带着不舍与留恋的心理。好好调整下自身的情绪，告诉自己，继续纠缠下去真的不值得，对方不是你命中注定的那个人，你甚至应该庆幸，因为背叛者终究会遭遇同样的结局。选择离开你的人，永远不值得你伤心。

最后，你要做的就是释怀。时间是最好的良药，要知道没有什么事情是过不去的，等未来的你回过头来看，这些事情或许已经变得无足挂齿。

(2) 当爱情遭遇欺骗该怎么办？

问题： 我跟男朋友相处一年多了，我崇拜他、爱他，愿意听他的，按照他的要求改变自己，痛并快乐着。但是今天发现他在两件小事上对我撒谎了，不知道为什么，一瞬间他的形象在我心里崩塌了，虽然觉得他仍属于偶像级人物，但是我不喜欢了，明天就去分手。

解惑：

欺骗几乎存在于每一段关系中，当你发现对方没有说出真相的时候，心里难免会疑惑甚至难过，为什么他(她)要欺骗你？是你不值得信任还是另有隐情？在我们的生活中，往往存在着欺骗和谎言，有时你还没有意识到，它就已经发生了。就算在一段双方高度互信和坦诚的关系中，欺骗有时也难免会偷偷地存在。

那所有的谎言都一定会造成伤害吗？在社会交往中，有些谎言显然是为了增进礼貌和与别人友好地交往。比如，人们有时会这样回应别人的想法："对，我也这么想！""啊，是呢！""啊，真好！""我也真的为你高兴啊！""这样多好啊！"，但事实可能并非如此。这种行为我们是可以理解的，与其扫别人的兴，不如用一句话取悦对方。

与其他亲近关系相比，配偶之间更可能会隐瞒信息。大家都希望可以有一段越来越甜蜜和彼此信任的恋爱，某些事上为了维护两人之间的关系，可能会撒一些善意的小谎。比如，为了让女朋友每天都开开心心的，某男生可能不会告诉她前女友曾试图再次拉近关系，但被自己拒绝并删除对方联系方式的事情。

不过，即使是善意的谎言，被识破之后也可能会产生不良后果。一般情况下，人们认为无论出于何种原因说谎，都会令人感觉不愉快，而得知亲近的伴侣对自己说了谎尤其令人感觉不舒服。就算你知道他(她)

这样做是为你好，但是没有告诉你真相还是会令人感到没有安全感。显然，大家都知道说谎会令自己内心不安。特别是在亲密关系中说谎会降低另一半对自己的信任程度。所以前文中的那个男生还是应该告诉自己的女朋友实际情况，就算她心里会产生一点小波澜，但还是有可能被男生的真诚感动。

那么如何发现伴侣的欺骗行为？

一般来说，如果某个人惯常的行为模式发生了变化，也许就意味着他(她)说谎了。不过，表明一个人是否在说谎的迹象可能会有较大的个体差异。有些人说话吞吞吐吐，而另一些人口气则非常肯定；有些人喜欢目光接触，而另一些人很少直视别人的眼睛。另外，在情侣交往的过程中，一方还可能会通过观察自己说谎后另一方的反应，逐渐调整并找到一个最安全的说谎方式。

有些人认为女性更擅长发现伴侣的欺骗行为，因为女性心思更为敏感细腻，所以应该能够更好地捕捉谎言。但目前很多研究得出的结论是：从整体上看，男性和女性在识破谎言的能力上是相似的，没有太大的差异。

也许每个人都说过谎，但是不管什么原因，说谎都要考虑全局。人们在最具回报性的关系中更少说谎，毕竟说谎违背了相互信任的原则。一旦你的谎言被识破，就容易被另一半看作是对亲密关系的背叛，后果就不言而喻了。

(3) 该如何辨别一个人可不可信？

问题： 我跟男朋友分手了，他提出来的，当初说好了一直爱我绝对不会和我分开，现在还不是一走了之？真是个骗子。我总是太容易相信别人，然后就被身边的人伤害，导致我分不清哪些人值得信赖，哪些人是骗子。

解惑：

其实，任何因为喜欢你而接近你的感情都不是欺骗。对方是带着爱你的心来的，但感情终究是两个人的事，感情不和就分手，并不能算是欺骗。

你可以对人不设心防，但你永远无法确保对方不会伤害你。但是一般说来，付出信任总是值得的。这不是什么老生常谈，而是可以被证明的事实。证据就存在于一系列常被称为"信任博弈"（Trust Games）的研究中。研究结果证明，当事人越信任对方，获得的利润也就越多，相较于不愿信任他人者，那些冒险相信他人者获得的回报要更多。也就是说，生活似乎也格外眷顾那些有足够勇气信任他人的人。但与此同时，你也有必要知道什么时候应该保持审慎态度。

那些不值得信任的人只会考虑自己的利益。骗子们往往极富吸引力，而且看起来非常可信，所以大家常常会放松警惕，忽略平常不会遗漏的证据。那么该如何辨别一个人是否可信？

心理学家经过细致的研究之后，认为可以通过五条探查标准判断一个人是否值得信赖。如果你遇到一个符合这些标准的人，你可以慢慢地向对方打开心扉，这种冒险也许是值得的，但任何人也不能对此作出保证。如果你能逐渐学会以公正、客观的眼光评鉴他人，时间一久，你很可能就会遇到某个你愿与对方倾心相交、共赴爱河的人。如果那个人经受不住下列任何一条标准的考验，你就需要好好斟酌你们的关系。

第一，诚实。不要信任欺骗过你的人，我们太常替他人找借口：也许是我理解错了；对方有对方的苦衷；其实也没有那么糟糕；只有这一次而已。还是先客观地想清楚：你的这位恋爱对象是否欺骗过你？你是否见对方欺骗过别人？你是否明明看穿了谎言，却选择说服自己原谅对方？如果是这样，那对方不配得到你持续的信任，还是先不要深交为好。

第二，透明。伴侣之间不应该有过多的秘密，也许一个身上充满了神秘感的人会很有魅力，但对于大多数人来说，过多的秘密往往会让人感到焦虑不安。我们都不希望自己的感情生活有太多的不稳定因素。所以愿意与伴侣分享自己的过去，谈谈内心想法，其实也是很温馨的事情。

第三，担当。不要信任那些对你含糊其辞或者遮遮掩掩的人，如果总是用"你只要相信我就好了"来搪塞，请你一定要留心。值得信任的人不需要告诉你应该怎么想。

第四，道德。这个人的所作所为是否一贯公平、正义？对方表达的价值观是否与你相符？如果你对对方的道德观念感到不满，就不要让你们的关系加深。

第五，盟友。未来伴侣应当认同你，对你鼎力支持，甚至是在最细微之处。你要证明对方并非只关心自己，也没有联合别人来反对你。你要证明对方将你的利益放在心里。如果有人对你展现出无私的一面，就是一个绝佳的信号。

如果你依据这份一目了然的评价标准对遇见的人加以衡量，就能逐渐掌握辨别他人的技巧。当然，练就识人眼光不是一件轻而易举的事。但能肯定的是，学会信任他人，一定是值得的！

(4) 如何培养信任感？

问题：我与男友在一起已经两年多了，我发现他最近一直不让我碰他的手机，无论吃饭还是学习，他都会把手机牢牢地收在自己的裤兜里。我起初没觉得有什么不妥，但有一天我要用一下他的手机，发现他很紧张，我觉得很奇怪，难道他手机里有什么瞒着我的秘密？我其实有查看他手机的机会，打开一看便能一目了然。可是我一直没有勇气，我怕因为偷看了男朋友的手机而显得我对他不信任。

解惑：

首先，我们假设你偷看了手机，会发生什么？毫无疑问的是，你将会陷入无休止的猜忌当中。没有信任的恋爱会危机四伏，即便没有真的发生什么不好的事情，双方的恋爱关系也很难轻松平静。既然你们已经走过两年时间，度过了激情阶段进入平静期，那么肯定有双方相互吸引的地方。无论任何一方，都应该给对方关心、支持和信任，因为你们拥有着对彼此的感情。爱情是在双方互相承诺的基础上建立并由承诺加固的。如果不能信守承诺，结果只能使双方关系变糟。

那么，究竟是什么让我们会因为一件小事就疑窦丛生，即使对方改过也难以挽回信任呢？这与我们过往的人生经历有着莫大关系。如果你曾经上过当、受过伤，就会因为缺少安全感而难以相信别人，心理学把这种模式称为退化。

如果你认清并承认这一点，就能用更理智的态度看待"他不值得再信任"这件事情。因为起码在抱怨、痛恨另一半之前，你可以先问问自己："是不是我旧'伤'发作，牵动了怀疑的神经？"如果你有了这个自我认知，彼此之间也就有了相互理解的基础，就更容易换个角度思考问题："如果他真的欺骗了我，是什么导致他这样做呢？"

恋人相爱的原因可能是仰慕对方的才气、外表、心灵等，但无论哪种因素使你爱上对方，都需要彼此用心来呵护这段感情。当感情生活出现信任危机，如果还想继续爱，又该如何培养信任感呢？

重建信任首先要知道之前破裂的原因，任何一对情侣出现信任危机都不是一朝一夕的，而是积累已久的矛盾，终于在某一时刻爆发。所以，表面上是信任问题，实际上则是两个人的相处模式、沟通习惯、思维角度出现了分歧，这需要调整。

为了让爱与信任能够发展得越来越好，情侣双方往往需要来一次非常坦诚的沟通，重新审视感情当中出现的问题，因为如果你想要继续这段感情的话，就要在一定程度上宽容对方。同时，从自身出发去寻找感情出现问题的原因，例如，是否因为打游戏没有及时回复消息，是否因为学习而缺少了应有的关心。需要让对方了解到你对他的重视、对他的爱。

诚然，信任被破坏后，亲密的关系很难再回到从前，但是重建彼此的信任与宽容至少在很大程度上对修复关系有改善。你可以原谅一些人，即使你还不信任他。宽容是在告诉对方你想修复关系。为此，你需要作出一个承诺：你愿意持续不断地向对方敞开心扉。这个承诺里也包含了愿意花时间和对方相处以滋养这份关系。

除此之外，重建信任还需要持久的诚实以待。失信的人必须诚恳接受甚至欢迎伴侣对事情的详细调查。如果能做到这一点，就意味着你是有诚意重建关系的。而那些伤害太深的背叛和漫长的僵局需要更长的时间来修复。总之，重建信任必然会让情侣双方更好地相互理解。

4. 如何处理亲密关系中的消极情绪?

confused

(1) 如何控制自己的坏脾气?

问题: 我的脾气不算好,尤其是对亲近的人,有时候父母多说几句,我就会爆发,对男朋友有时也这样。对于其他人我还能控制住情绪,比如有一次和别人拼车,我和我的上司还有一位老年人坐在后排,当时我坐在他们中间,情绪状态就很差,甚至捏紧了拳头,吓到了我的上司,还好我最后控制住了。

我也很想控制自己的脾气,但是有时候就是控制不了。甚至有时候我请别人帮我拍照或者拍视频,要是别人没拍好,我也会责怪别人。我该怎么办呢?

解惑:

通过你的描述,可知你容易生气,并且不舒服就想爆发。

其实所有情绪都是有意义的,它们代表你内心的想法和当时的状态。但有时候状态不一定要反映出你所有的情绪,对待不同的人和事,表现出多少情绪是我们需要慢慢控制和学习的。

由于描述不清晰,大家并不知道拼车时的具体情形,只能假定如果领导是男领导,老年人也是男性,让女士坐中间,确实有些尴尬,你觉得不舒服是很正常的。不过即便都是女的,彼此不熟悉,空间又狭小,挤在一起,心情也不会好。

这时候有一个预判就会好很多。汽车后排的中间是一个相对不舒服的位置,与你同行的一个是领导,一个是老人,所以很有可能中间的位置是由你来坐。再者就是心态问题,当一个人处于生理、心理都极其不舒服的状态时,如何应对自己内心的烦躁和想发火的欲望?

当不利的局面已经成为了事实,成为了一个你必须面对而且正在经历的事实,烦躁发火只能是跟自己过不去。如果下次再遇到类似情况,在爆发之前不妨先问问自己,这件事有没有发火的必要?到底是自己平静解决还是发脾气更有效?发脾气以后会不会后悔,会不会伤害到其他人?

遇到了负面情绪,如何有效地在不伤害任何人的情况下,与它和平共处,方法就是要灵活面对、灵活处理。当别人没有把照片或者视频拍好,先想想自己给对方提的要求是否表达得很清楚,或者有没有对方不太好掌握的地方,而且每个人的拍照水平有差别,不是所有人都对此擅长。所以,多从对方的角度去考虑问题会好很多。如果很在意自己的照片质量,可以尽量请同事或者朋友当中摄影水平高的人帮自己拍照。如果做不到,还可以借助各种修图软件。因为这件事本身是请人帮忙,对来帮忙的人发火是不合适的。

有些人把好情绪给了陌生人,却把糟糕的情绪留给了最疼爱自己的家人和伴侣,并且下意识地认为,家人和伴侣对自己的包容是应该的,但爱是相互的,不是单向的。比物质和金钱更真切也更实在的,恰恰是对家人和伴侣无条件的关心,让他们感到真实的存在和价值。

(2) 缺乏安全感怎么办?

问题:在恋爱中总是患得患失,缺乏安全感怎么办?

解惑:

不会好好爱自己,就不会好好爱别人。我们有些时候总在伤害自己,殊不知这样的我们,也无法给对方完整和完美的爱。那么该如何爱自己呢?

首先,停止自责。不管外界如何对你,一定要相信自己,不要自责,不要伤害自己,如果自己都不信任自己,更不要指望别人能帮到你。如果有些事自己做得还不够好,可以想办法在下一次改进。多给自己一些实践的机会、犯错的机会、被原谅的机会和改进的机会。在这样一天天的成长和调整中,你会慢慢找到自己的价值,慢慢发现生活的美好。

其次,给自己安全感。很多缺乏安全感的人总是喜欢吓自己,让自己以为环境很绝望,把一点小事想得很严重。其实环境怎么样完全取决于你的想法，你认为它很好，你就更容易从中找到发展和提升的机会，更容易找到快乐。多给自己一些暗示，生活其实很美好，结果其实不算坏。

再次，对自己要有耐心。每个人都会犯错，就像第一条说的，要给自己犯错的机会，同时，不要焦虑和烦躁。它们只会影响你改正错误的效率和能力，让你慢慢变得消极，变得不自信。

最后，爱自己的缺点。每个人都有缺点，但对于如何定义缺点，每个人的看法都不一样，你眼中的缺点在别人看来可能并不算是缺点。而大多数人总是轻易认定别人会讨厌自己的缺点，从而不敢在旁人面前展现真实的自我。但其实，缺点对于每个人来说，都是自身的一部分，有的时候它还能帮助你营造出一个相对安全的独处空间。也恰恰是自己拥有的缺点，才能让你寻找到真正爱自己的人，他们可以接受和包容这些缺点，甚至认为，这就是你可爱和独特的地方。

5. 怎么知道对方合不合适?

confused

问题:作为单身一族,我对于恋爱总是既向往又惶恐。我身边的几对情侣,有的平时不吵架就不舒服,但他们每次吵完,感情反而还愈加坚固了。但有的看上去你侬我侬、忒煞情多、郎才女貌的,说分就分了,谁劝也没用……

这样的现象使我非常困惑,如果以后有了男朋友怎样才能知道他是不是我的"真命天子"呢?难道这就是"薛定谔的男朋友"?

解惑:

你以为有些情侣吵吵闹闹是在拿感情玩火,其实他们是在给感情淬火;你以为有些情侣发朋友圈是在秀恩爱,其实是为了填补他们自身所缺乏的安全感。恋爱这件事很简单也很复杂,两个人彼此吸引是第一要义,但之后所牵扯的却很多,所以光看表象很容易被迷惑,所谓"鞋子穿在自己脚上,才知道合不合适",这通常不是一眼就能看穿的,需要长久的相处才能得出结论,有的感情历久弥新,有的则随着时间变了质。

那么到底是什么在左右着幸福的天平呢?

对于一段感情,在不同阶段影响两个人幸福程度的因素是不一样的。在关系的前两年,激情决定着幸福的程度;在第2~5年,价值观的相似性对幸福程度的影响最大;5年以后,对方在关系里是否扮演了自己所期待的角色才是最关键的因素。

恋爱的前两年往往充满激情,也就是大家常说的感觉。大半夜去逛夜市、节假日去旅行、每一次晚安和每一份早餐……这往往被很多人理解为爱情的全部。从精神上来分析,导致吸引的原因与人们希望在爱情里重复儿时的快乐、避免儿时的痛苦有关。人们容易喜欢上能满足自己这一内心需求的人,但激情不会一直存在,两人在一起一段时间后,激情便会趋于平淡。

在关系发展到第2~5年时,决定两人是否幸福的因素就变成对事物看法之间的差异了。差异越小，越容易磨合，决策起来越容易，自然也就越幸福。双方对同一事物的看法不同，会导致对彼此的看法也发生变化。双方观点一致，一方就会认为另一方是对的，也就对另一方有好感；双方看法相悖，一方就会认为另一方是错的，因此可能对另一方产生反感。例如男生很喜欢吃路边摊，他觉得喝啤酒吃肉串，这种市井生活充满了生活气息和人文情怀，而烟熏火燎的竹签、满是油渍的桌椅板凳、廉价的食材以及饱和脂肪酸则让女生反感；女生喜欢的是鹅肝红酒、玫瑰音乐，对她来说格调意味着一切，生活皆应如是，而男生对这些则十分不屑……

爱人之间吵架、生气、斗嘴，大都是诸如此类的原因导致的。经过一段时间，部分人会改变自己，也会接纳一些对方的不足，谈起对方时会说"他(她)就是这样的人"。这便是相互妥协和迁就之后的结果。此时，价值取向的差异对幸福的影响就在减弱，彼此算是度过了价值观磨合期。

在一起生活 5 年以后，激情趋于平淡，价值观也磨合得差不多了，决定人们幸福与否的因素就成了"岗位职责"，也就是人们所期待的对方在婚姻关系中应承担的角色。谁洗衣服、谁做饭、谁拖地、谁挣钱、谁辅导孩子做作业、谁接送孩子上下学，这些生活的琐事逐渐取代了当初找对象时更为在意的外在条件，成了决定人们是否幸福的重要因素。

著名情感专家赵永久认为，人们愿意在家庭生活中承担哪种角色，往往会受到自己原生家庭的影响。在原生家庭里，父母是如何分工、如何承担家庭角色的，对孩子有着潜移默化的影响。如果孩子习惯了父母的模式，自己在潜意识里就会写下一份与之相似的脚本，如果不刻意地调整，他们在成年后往往就会期望自己的另一半成为自己父亲或母亲在家里承担的角色。一个小时候爸爸不做家务、不管孩子的男人，除非他对父亲的做法有着强烈的反感，否则回家看到妻子没做家务、没管孩子，而是在忙工作，他很可能就会觉得不幸福。因为这不符合他潜意识里的脚本，妻子承担的不是他所期待的角色。

总而言之，再长久的幸福也得从最初的激情开始，合不合适还得亲自去试试看。实际上，幸福也并非可遇而不可求。

6. 如何成为共情高手?

confused

问题: 他从来不说出自己的真实感受和想法,不高兴了就消极抵抗,一再进入死循环,我该怎么办? 当他指责我时,关键时候我说不出话来,只想快点结束谈话。为什么平时嘴上说就事论事,但吵架时就非要翻旧账呢?

解惑:

某一天,你忽然发现,你再也不能跟那个人"好好说话"。你们不在一个频道上,对方说的你不想听,你说的对方听不懂。世界上最悲哀的事情莫过于,语言成为一条笼罩着迷雾的河流,你在这边,对方在那边。有没有可能搭建一座桥梁,让河流两边的人走近彼此呢? 共情就是这样一座桥梁。

共情或共情状态,是指准确地感受和理解他人情绪的内在参照系,就好像你就是他,但又永远处于"好像"的状态。以这种方式与他人接触,意味着在这段时间内,为了无偏见地进入他人的世界,你要抛开自己的看法和价值观。从某种程度上来说,意味着要抛开自己。

那么,如何更好地共情他人?

第一步,接受。当一个人有了情绪后,去接受这个人有情绪这个事实,并且开始关注这个人的情绪。简单地说,就是当你注意到你的爱人或身边的人心情不好,你就开始去关注他,并且以一种接纳的态度,允许他心情不好。

比如,当听到旁人唉声叹气时,有的人会说:"年纪轻轻的,叹什么气啊!"在对方听来,这就是不接纳,就会感觉到不被理解,这也就是没有共情。共情的做法是开始关注并接纳这种情绪:"我听到你刚才叹气,心情不好吗? "这样做对方就感觉到了被关注,这就是共情的第一步,其中的关键是使用询问的语气。

第二步,分享。在第一步接受并关注了对方的情绪后,紧接着就是要引导对方分享他内在的感受和外在发生的事情。一个人会有负面的感受，一定是有原因的，哪怕这个原因不是当下刚刚发生的事情。这都是属于心中的情绪，都是需要有人理解和共情的。

比如，有的人可能因为看到妈妈喜欢吃的食物，而想起了已经不在人世的妈妈而伤心，这时在共情过程中，必须先认真聆听对方讲述引起他负面情绪的原因，也就是他所经历的或想到的事情。满足对方述说的需求，这样的话，愿意听对方说话，就会让对方感觉到被接受和关注。

需要注意，聆听的时候，一定要认真把事情从头到尾听完，中间尽量不要打断对方，让对方感觉到完全被关注和接纳。如果对方实在不愿意说，也不要勉强，很多时候，对方的情绪稍稍平复后会更愿意述说，这个时候给对方点时间，等待对方想述说的时候再继续聆听。

第三步，肯定。这是整个共情步骤中最为关键的一步，如果这个步骤没有做好，基本会前功尽弃，甚至让对方的情绪变得更差。

这一步要做的是肯定对方情绪背后的逻辑，也就是告诉对方"你是有资格闹情绪的"。人的情绪很多时候是由于大脑里一些思维引起的，这些思维是一个逻辑过程，你要做的是肯定这个逻辑过程，而不是肯定他的想法或做法。

简单来说，有时你的伴侣会做一些可能不算正确的事情，也许这时会有别人来纠正他(她)。但别人毕竟是别人，是不需要与他(她)共情的，对你来说就不一样了。至少先别着急否定对方，先去理解对方，即使真的有必要去讲道理，也待对方心情平和下来再慢慢分析对错。

第四步，引导。在共情的过程中，做完前三步，对方的心情就会好很多，因为对方既被接纳和关注了，又满足了述说的需求，而且被认可了引起情绪的原因。共情做到这里也似乎可以结束了。

但我们最好不要就此打住，因为我们还需要引导对方去思考、去总结经验教训，以后再遇到这类事情时，是否可以做得更好；同时也要引导对方更多地去理解别人，降低以后遇到类似的事情时引起情绪波动的概率；另外，更要引导对方去关注如何解决问题，如何面对未来。

引导又分为两步。第一步是引导对方理解他人，或从他人的角度看问题。特别是对一些因为他人的行为而产生的情绪，我们的目的就是引导对方更加平静地去看待事情。第二步是引导对方去关注未来、关注解决方案。事情已经发生，对方的情绪也已经平复，也能够更多地理解他人了，以后遇到类似的事情也不太会有情绪了，接下来就要引导对方去关注未来怎么解决这件事情。

人的成长是需要不断学习的，而学习有两种途径：一是虚心地向别人学习，比如看书听课；二是向自己学习，就是自己不断地总结经验教训，这样就会越来越有智慧，犯过的错以后就不会再犯，也就是不会"在同一个地方摔倒两次"。这一步的引导就是帮助对方达到这个目的。

依照以上四步，你就可以很好地完成一次共情的过程。也许刚开始做时会有些不够流畅，但没有关系，勤加练习，熟能生巧，慢慢地你就会发现自己已经是一个共情高手了，到那时你可能自己都很佩服自己了。

7. 在亲密关系中如何有效沟通?

confused

问题: 我和男朋友在一起很久了,他对我很好,只是我经常会有一种无法沟通的无力感。比如一起去逛街,我试新衣服时让他给点意见,他总是说些"还可以、就那样、难看死了"之类的话。除此之外,他还总是约束我,不能做这个,不能做那个……虽然知道他是"刀子嘴豆腐心",但我还是会生气。

解惑:

据不完全统计,如果要诚实地计算自己在伴侣说话时全神贯注的时间,基本不超过50%,更贴近现实的估计应该在30%左右。在另外70%的时间里,人们难免会走神,想到学习、竞赛、油价、电视节目、窗户装饰或者篮球比赛等。伴侣双方在同一时间都集中注意力的概率(假设他们的概率互相独立)只有9%(30% × 30%)而已。这意味着,两人在相处过程中,有91%的时间,交流是不顺畅的。因为交流不畅,伴侣之间就会出现大大小小的问题。

交流的过程中有诉说方和倾听方,诉说方如何正确表达是有效沟通的前提。

诉说方的首要责任,就是要了解对方。你的语气和态度不能让伴侣产生被逼迫感,或让他们觉得必须采取防备态度。要记住,你的目标是在保证不让伴侣情绪失控的前提下讨论你们之间的问题。谴责和批评也许会诱发逆火效应,只会事与愿违。有学者系统研究了此过程,为大家提供了若干有效的建议,帮助大家时刻掌握正确的说话方式。

建议一,记住说话时语句一定要以"我"为重心。

"我"字句的首要特性是,它只反映出说话者的感觉和经历,并没有指责伴侣的意思。如果你说:"我希望你能准时到宿舍楼下,独自站在那里等你,我觉得很不舒服。"这两句话的重心都在于你的经历和感受。如果采取这种较为温和的说话方式，伴侣就不大会回以抨击、提起戒心，甚至还可能向你道歉。

与"我"字句不同，"你"字句直指伴侣的动机、感受、行为和品格。"你太自私"这不是一个单纯的陈述，而是指责。它势必会引来戒备和反击，让事态越发糟糕。如果你想让伴侣改正，不妨换个方式："可以请你在我不吃甜食的时候表扬我，而不是在我吃甜食的时候批评我吗？"

最重要的其实不是你在语句开头使用的人称代词究竟是"你"还是"我"，而是要保证你所说的每一句话都不是指责。

建议二，一开始就点明你们要谈论的具体问题或事件，并且不要跑题。

当你诉说的时候，你的伴侣只能"被迫"倾听。在这种情况下，你很可能希望一次性吐尽心事，一口气说尽你的伴侣之前做错的事，尤其当诉说者是女生时，因为偏感性，会因为一件事联想到很多之前的事，到最后会发现双方每次吵架都会绕回到同一个问题上，而且这个问题还是彼此都说好了不再提及的。

希望你能了解，以专家的口气擅自指出伴侣的人格缺陷或行为问题只会适得其反。要就事论事，就像记者一样，评论时不掺杂个人情感。

建议三，仔细留意那些可能会刺激你伴侣情绪的因素。

有些人在童年时受过一些伤害，这些旧伤可能会让你们的冲突升级。轮到你作为诉说方的时候，要在短期记忆里为你所知的伴侣的"持续弱点"保留一席之地。比如说，你知道你的女朋友非常反感、排斥和一些同学聚会，但你却想和高中的老朋友们单独聚一聚，那么，当你在告诉她这件事时，说话就要温柔一点。你可以说："我很喜欢跟你一起参加这类活动，但是这次想和几个哥们儿聚一聚，可以吗？"

再比如说，你想和室友一起玩游戏，但是你的女朋友想要你陪她聊天，你完全可以用"我没有不想和你聊天，但是我现在想和宿舍的兄弟放松一下，可以吗？如果你不喜欢的话，我等你睡了再玩一会儿。"这样的话来代替"你烦不烦，我玩会儿游戏怎么了？"又比如，女朋友问你新买的裙子好不好看，你觉得不好看时，完全可以说"我觉得还可以，如果能换个颜色，或者再长一点就更适合你了，我们再挑一条吧！"而不是"你买的这是什么呀？又显胖又显黑！"

或者你们以后步入了婚姻的殿堂，你在家务、工作、生活方面逼得太紧，导致对方回想起自己被不断苛责的童年，或者不愉快的经历。这时你就要让他(她)喘一口气，给他(她)点时间放松一下。这就是所谓的"提前修复"——在摩擦产生之前，绕路而行。

父母留下的精神包袱可能是个刺激源。你不能指望你的伴侣将这个包袱彻底放下，特别是在你竭力要求对方"改变"的情况下。但你仍然可以去了解、同情和关怀对方，阻止这个包袱对你的伴侣和你们的关系造成伤害。要记住，你的伴侣也在为你学做同样的事。

了解不仅可以用于解决冲突，在日常对话中使用一点了解的技巧，你和伴侣就更容易在关键时刻靠近彼此。要让你的伴侣知道，你了解对方的感受。简单一句"亲爱的，怎么了？"就能一扫阴霾，阻止一场狂风暴雨。但是强硬、刻薄的语句，比如"现在又怎么了？"或者"你怎么总是出状况？"则会引发倾盆大雨。

建议四，接受对方和自己的想法不一致。

你们想法不一致的时候，你或许想过，这么简单的道理怎么就不能跟我想的一样呢？

每个人思考问题的出发点和立场都不同，你可以不同意不妥协，但你不能说对方的想法是错误的。要知道，你的世界里不仅有你一个人的想法，还有你爱的人的想法，你们互相交流互相帮助，这是一件多么幸福的事情。

当双方想法不一致时，有的人把它当作情感交流和深入了解对方的机会，有的人却非得以对方接受自己的观点为目的争个你死我活。实际上，只有你怀着包容的心态去接受对方和你的想法不一致时，对方才会更愿意对你敞开心扉。试想一下，如果一个人总是否定你的观点，你还愿意继续向他吐露心声吗？包容对方的想法，这本身就是一种尊重，而互相尊重是发展一段感情的前提。

前面讲述了作为诉说者一方需要注意的问题，当作为诉说者时，必须理解、宽容伴侣的弱点，不要横加批评。上述这些步骤能够帮你缓解气氛，控制愤怒和焦虑。可交流是两个人之间的事情，少了任何一方都不成立。

那么倾听者需要注意些什么呢？

当你作为倾听者时，需要抑制住为己辩护、反唇相讥的冲动。如果你能想到当你冲动时对方也会采取同样的态度，那么保持沉默、耐心倾听也许对你来说就不那么困难了。倾听者的目的是真心接受伴侣的情绪，了解这些情绪的起因和意义。同时还要尽力去弄清，究竟是什么引发了争执、伤害了感情。

建议一，静下来问一些问题。

不要批评伴侣的愤怒、悲伤或恐惧，不要说"醒一醒吧""你太敏感了"或者"其实没有那么糟糕嘛"，你应该接受伴侣的全部情绪。情绪也有其目标和逻辑。伴侣的情绪不是由其自主选择的，当你坚持认为消极情绪会浪费时间甚至是一个危险之物时，那么你就不可能与伴侣和谐共处。"你没有理由哭"或者"你还磨蹭什么呢""你不会加把劲呀"这类话很难产生效果。你可以试试说："请告诉我你为什么要哭，好吗？"或者"你还有什么没做完，我帮你。"

要想确保你能完全了解伴侣的感受，就不要急着充当倾听者。花点时间问些问题，让你的伴侣能对你和盘托出，如"你还有什么感觉？""你还有什么话想说吗？"一般来说，人们在感到沮丧的时候，消极情绪会像多米诺骨牌一样连缀成列。排在首位的可能是愤怒，然后是恐惧，而后是悲伤。如果你的伴侣不能将这些情绪在谈话时全都表达出来，它们就会停留在伴侣心里，无法消除。

建议二，学会无防御聆听。

伴侣们总会收到这样的建议：要想解决争端，就必须倾听对方的观点。如果你的伴侣向你发出唇枪舌剑，想要保持绝对的容忍和理解几乎是不可能的。没错，诉说者确实有责任不刺激你，但你有时也需要靠自己来平复情绪。

心理学家经过研究后提供了以下策略，帮助我们抑制防御之心。

(1) 停顿和喘息。如果你能在回应他人言语攻击之前给自己一个喘息的机会，你就更有可能成功地平复情绪。深吸一口气，放松肌肉和肢体，但不要因此分神而停止倾听。要记住，你是一个倾听者，不能在倾听时说话回应。持续呼吸，把想说的话咽下去，把注意力集中在伴侣身上。

(2) 写下伴侣说的话以及你的反驳。如果你对伴侣的话感到抵触，那就找张纸写下来。然后提醒自己，你是关心伴侣的，而伴侣现在很不满意，很不高兴，或者很痛苦。你虽然内心很想反驳，但要等轮到自己的时候再说话。这样做的效果非常显著，往往可以令你在发言之前平复情绪。

（3）记住你爱并尊重对方。唤起你内心深处隐藏的爱和保护伴侣的愿望，对自己说："我们都不会无视对方的悲伤，我必须理解对方的痛苦。"试着将你此刻的愤怒和沮丧割离出去，想一想你们爱情中美好的部分：

饭后一起牵手漫步在校园操场，想象着毕业后的生活。

清晨宿舍楼下那个拎着早餐的身影一直不曾离去。

她笨手笨脚还是亲手给你织了一条不保暖也不美观的围巾，即使这样你也开心地向朋友炫耀。

你们第一次牵手时的脸红，第一次接吻时的心跳，拥有彼此就像拥有了全世界。

他不远千里突然出现在你的教室门外。

她悄悄给你订外卖，攒钱送你最爱的球鞋。

……

爱情是需要双方共同去呵护的，相伴的路上需要倾听，彼此手挽着手，去倾听那些属于你们的爱情。

8. 恋爱中的你是否仍然感到孤独?

confused

问题: 我的朋友小楠恋爱半年了,跟男友半月或是一月见一次面。最近,小楠变得越来越孤独,那些午夜发在朋友圈的一字一句,让人看了觉得心里沉重。这种沉重不是相思,是不踏实。她说男友联系她没以前主动了,变成了几天联系一次。一个不主动,另一个也不主动,两人之间渐渐就有了冷淡味和距离感。本以为有了恋人就不会再孤独,却不料在爱的过程中,对方给你带来更深的孤独感。这是爱情中的正常现象吗?如果这样,我们为什么还要谈恋爱?

解惑:

为什么大家越爱越孤独?

许多人都有这样的想法:孤独的时候需要一份爱情。在他们看来,有了爱情的人生简直完美,再也不会一个人游荡在冰冷的晚风中了。那么,爱情真的是治愈孤独的良药吗?

人们总是试图通过亲密关系来缓解自己的孤独,总认为再谈一段新的恋爱,得到别人的认可和爱就可以抚平自己的伤痛。许多人通常认为自己对正在经历的孤独无可奈何,需要人陪伴。在这种急切需要治愈的情境下寻找伴侣,结果就是你可能会爱上一个不爱你的人,可能会爱上一个你终究得不到的人,也可能会爱上一个不善表达爱意的人,这些无疑是最令人心痛的事,只会导致频繁的争斗和冲突。最终,你会变得比原来更加孤独。

如何面对孤独的折磨?

确实,爱情有时会让人不那么孤单,但有时却让人更觉孤独。事实上,你想要爱情远比你想要亲密感容易。如果想评估一下你和另一半的关系中有几分亲密感,不妨问问自己下面几个问题:

对方是否非常了解我,包括我的人生目标?

对方是不是一个我行我素的人,让我不能参与其中?

我有一些重要的事是对方所不知道的吗？

对方会把我放在优先考虑的位置吗？

当我遇到好事时，对方会真心为我高兴吗？

很显然，这些问题不是简单的"是"或"不是"就能回答的，但却能让情侣们思考，平时除了把爱挂在嘴边，是不是还缺乏一点亲密感？大家都渴望爱，渴望和谐的亲密关系，渴望被理解，但是往往不懂得如何使它们成为现实。可能有的人会做得更好一点，但是大部分人都容易有了实质性的进步之后到达一个瓶颈，再怎么努力都没法更进一步了。

事实上，增加亲密感不仅需要相互理解更需要多交流。举个例子，你和一个人起了争执，但是经过你们长时间的沟通，不仅解决了问题还说了一些心里话，自然地，你和他之间就会产生一些亲密感。情侣更是如此，不仅要表达爱，更要经常分享自己的感受，经常交心不仅可以让对方更了解你，也会让你们之间更亲近。

虽然指出对方的缺点远比说出自己内心真实的感觉容易得多，但我们更需要关注自己的真实体验和真正想要的东西。与其说自己不喜欢什么，不如说自己想要什么。当你为对方没有足够的时间陪伴自己而感到伤心难过时，与其脱口而出"你太以自我为中心了，你就只想到你自己"这样的指责，不如跟对方说"我想要你多陪陪我啊"。尽管转换成自我想法可能比直接指出对方的缺点要麻烦，但是当你慢慢熟练运用这样的方式后，就会发现两个人之间产生了更多的亲密感，爱情也会更加甜蜜长久。

为了让你们之间更加亲密，你还需要多和对方讨论一些二人世界之外的话题。甜蜜的情话虽然滋养内心，可听多了未免会觉得无聊。不妨说说学习上的困难以及身边发生的趣事。

9. 如何应对恋爱中的冲突?

confused

问题：最近我跟我女朋友吵架越来越频繁，有时候为了一件很不起眼的事情就会吵起来。有一次，我买了两斤苹果，因为没有零钱，给了商贩100元，对方找不开，为了找钱我和商贩僵持了一会，她就大发雷霆，说我小气抠门，说着说着，我们就吵起来了。这些鸡毛蒜皮的小事，搞得我心力交瘁，我在想，是不是跟她走到尽头了？可是平时能感觉到她是很爱我的。我非常苦恼，该怎么办？

解惑：

要想解决这个问题，首先要知道，你们究竟是怎样吵起来的？好不容易跟心仪的人在一起了，甜蜜期过后却总是争吵不断，问题得不到解决，两个人又开始冷战。这个时候，你是否想过这样的问题：为什么我们总是吵架？

的确，随着感情的进展，情侣之间总是会不可避免地出现争吵，但为什么有些情侣越吵感情越好，有些却只能以分手结束呢？心理学上认为两性之间的主要差异在于：男性往往骄傲与独立，女性却渴望被重视。所以，若是提及婚姻满意度这个话题，对于男性来说，似乎赚更多的钱非常重要，对女性而言，最在意的则是良好的沟通。

遗憾的是，男性总是难以理解女性对他的期望。女性在意的是态度和感情，而不是事情本身。对于你的伴侣，你记得自己说过什么伤人的话吗？或许你们会重归于好，但吵架的阴影可能一直没有消散。

两性关系出现危机的一个初期预警信号，就是尖锐的批评。当然，每个人都可以在任何情况下去抱怨。但是在怒气冲冲的情况下，抱怨往往会变成"暴击"。对人不对事，这本来就已经是对对方人格的一种侮辱，而充满轻蔑情绪的批评，带来的伤害更是毁灭性的。而且，不要忘了你面前的人虽然在生你的气，可依然是对你有期望并且深深爱着你的。在说出伤人的话之前，想一想也许此时一个恰到好处的安慰或是发自内心的理解，都比去争孰是孰非好得多。

一项调查研究指出，在 15 分钟的两性对话中，如果女方出现 4 次或 4 次以上厌恶的表情，那么这对情侣或夫妇在 4 年之内分手的可能性就会非常高。两个人开始产生矛盾时，如果你没控制住，争吵升级了，此时，双方心里都留有怒气的种子，当这个种子在心里慢慢发芽时，就会引发一些无意识的自发行为，这就意味着你已经走偏了。

你开始从对方的一言一行中，不断寻求蛛丝马迹以证明对方是错的，自己是对的，并且为了证明对方的错给自己造成了很大的伤害，而无意识地忽略了对方友善的行为。于是，之前受伤害的一方开始无中生有，把一些中立的行为看成是伤害行为，最后情绪爆发，以没有任何一方在这场争斗中获胜而收场，结果总是如此。

当你这么去看的时候，就会发现其实令人困扰的态度很容易触发情绪失控，而且个体很难从伤害和怨愤当中复原，因此它的直接后果就是制造了永无休止的危机。于是，男性想不受情绪泛滥的影响，往往会对女性的话采取消极应对。与男性对消极应对的渴望程度一样，女性则寻求情绪对抗，情侣若是无法做到理解对方，则会爆发出更加激烈的敌对状态。与之相反的是，面对出现的问题，如果我们能在事情的开始就去主动解决，那么情侣关系则会和谐很多。

例如上文提到的那件小事，100 元找不开，真的是一个会引起争端的问题吗？你的处理不当，也许是你女朋友大发雷霆的缘由。所以，了解她的需要，在她生气之前解决这些问题，她又怎么会生那么大的气呢？

10. 恋爱中怎么处理与异性朋友之间的关系？

confused

问题：我男朋友的女人缘真的太好了！他认识的女人很多，送过的温暖也着实不少，虽然没有单独和她们吃过饭、出去玩，但该给的关怀没少——天热多喝水，风大加件衣，插科打诨换煤气，深夜陪聊解忧虑……他的"热风"就往周围那么呼呼地吹啊，吹得我的心"拔凉拔凉的"。因为这点我和他提过分手，虽然每次被他哄得回心转意，但鉴于他这种情况，我真的不知道该怎么将这段感情维持下去。

解惑：

爱情是排他的、自私的，大家都希望对方将自己放在第一位，心里也最好只有自己一个人。真爱意味着无条件地积极关注，当对方把这种关注度大量地投入到其他人身上，无疑是不正常、不合适的。

根据你的描述，在对方优先级的列表上，你很难称得上是稳坐第一。朋友的问题、烦恼，会时不时让他下意识地选择忽略你的诉求。这是他个人的选择，我们不好评论对错，但不要忘了，你也可以选择你想要的情感模式。爱他便接受他为人处世的方式，如果不能接受，那就选择离开。三观相抵，谈何爱情？要么忍，要么走。可两个人想要共度余生，一时可忍，一世难忍啊。单方面的付出与妥协从来不是解决情感问题的上策。合理地表达你的诉求和底线，他做不到，总有能做到的人。长痛不如短痛，你可以与更好的人相伴一生。

如何平衡异性朋友和男女朋友之间的关系？首先，对异性朋友的友谊在任何时候、任何场合都不能高于对你男女朋友的感情。用行动让其感觉到自己的重要性高于其他朋友，当两者出现矛盾时，务必以感情为重。其次，不要在男女朋友面前隐瞒你与异性之间的友谊。要大大方方，坦坦荡荡，但也要避免和异性朋友单独聚会，必要时把男女朋友叫上，巧妙地把双方拉入你们共同的圈子里。最后，和异性朋友要拉开适当的距离。这个距离的定义很宽泛，包括身体上的距离和心理上的距离。比如平时不要过度关心，也不要有过多的身体接触。这是维持异性朋友之间友谊的基本前提。

第四章

人际困惑

1. 你也有容貌焦虑吗?

问题： 我经常会因为自己外貌上的缺点而自卑，讨厌照镜子又想要照镜子。尤其是看到那些身材好又长得漂亮的人时，就会更加不自信，甚至会焦虑。

解惑：

容貌焦虑，是指在多种因素作用的环境下，很多人对于自己的外貌不够自信，觉得自己不好看而产生的焦虑感。有调查显示，有近六成的大学生存在容貌焦虑。容貌作为一个人最鲜明的特征，最容易被人评价。在现实生活中，许多人认为长得漂亮就有光环加身，也有不少人因为对自己的外貌不满，而不惜牺牲身体健康，采取节食减肥、整形美容等方式追求所谓的美。目前，容貌焦虑越来越年轻化，已经成为常见的心理问题。

我们被网络推动起来的单一刻板的审美标准所禁锢，但是却忘记了思考"美与丑的标准是什么？这个标准是谁来定义的？又是为谁定义的？"有研究根据视线跟踪技术发现，那些不喜欢自己容貌的人，照镜子的时候总是过分关注自己的缺点。容貌焦虑作为一种负面的身体意象，产生的根本原因还是在于我们过度地在意自己的身材和外貌，过分依赖外表去衡量自我价值。当陷入这种审美陷阱后，除了产生焦虑之外，严重者还会以此否定自我价值。

美本来就是没有具体界定标准的，诸如"你唱歌不好听""你穿这个颜色不好看"这种评头论足的话我们每个人都听过无数次。其实这就像一只鸟嘲笑一条鱼没有翅膀一样，他人对你行为的解读，是通过他自己的价值观，如果你把快乐的选择权交给了别人，那自己就会变得被动。所以我们不应该用固定的审美标准衡量自己，每个人都是独一无二的个体，没有人能提供标准答案。爱美之心，人皆有之，但是对美的追求要正确且有度，我们的关注点不能仅仅停留在外表上，而是要接纳真实的、全方位的自己，提升自我认同感和自我包容力。

首先，要摆正心态，学会接受自己。你没有这么多观众，不必让自己活得那么累。虽然第一印象很重要，但对于现实中的工作和生活来说，没有人会过于关注你的外貌。因为比起外表更重要的是知识、教养、三观等，而且没有人会完美无缺，要学会正确看待自身以及他人对自己的评价，不对自己苛求。既不因他人的评价影响自己的情绪，也没有必要为取悦他人而违心行事。

其次，找到自己的优点，增强成就感。虽然你不是全能的，但是可以挖掘自己的特长，忽略那些短板，因为任你再怎么补，它们也不会成为强项。所以与其一味地补短板，不如扬长项，在某一个方面有所擅长。另外，成就感的增强会使人自信，可以增强积极的自我暗示，例如在做一件事之前经常给自己加油打气，让自己在心理层面相信自己。还可以给自己设定一个可接近的小目标，随着一个个小目标的完成，就会增强自我肯定意识。单纯拿外貌评价一个人本来就是片面的表现，人应该是多元化的，所以你要找准自己的定位，发挥优势，通过良好的学识、能力、性格等与他人建立社交关系，不断提高和丰富自己，努力实现自我价值。

最后，多培养自己的业余爱好，经常锻炼身体，保持身心健康。运动能让人心情保持舒畅，也能使自己拥有更好的身体，能够在有效地减少焦虑感的同时收获健康。但是如果陷入了容貌焦虑而无法自拔，就需要寻求专业心理咨询师的指导和帮助，尽早走出困境。

2. 如何克服社交恐惧心理?

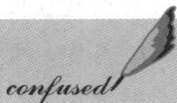

confused

问题：我在和别人说话的时候不敢直视对方的眼睛，而且一到人多的地方就会紧张和不自在，被人注视的时候脸就会不自觉地变红，也不喜欢出门，就算出门也是习惯低着头走路，因为这样可以让我避免打招呼带来的尴尬。

解惑：

社交恐惧又叫社交焦虑，其实这种情况很常见，大多数人都会存在这种问题，不用过度担心。一项面向全国大学生开展的问卷调查结果显示，近八成的受访大学生表示自己有轻微社交恐惧。轻度的社交焦虑有助于我们释放压力、调节心理状态，更好地进行社会交往。但是如果发展为社交恐惧症，严重影响到自己的正常生活、工作等，就需要及时咨询专业医生。

问题中这种情况就属于轻微的社交恐惧，出现的原因之一可能是以往有过不好的社交经历，导致产生自卑心理，下意识地逃避社交。另一种原因可能就是过度的自我意识，总是在社交过程中过分在意别人的看法或者担心自己是否足够完美，担心出错，以至于产生了心理压力，导致在社交中显得迟钝、不自然。

那么，如何克服社交恐惧呢？

首先，打破以自我为中心的思维方式。越是在意别人看法的人，其实越自我。太在意别人如何看待自己，就像是不管什么时候、什么场合你都要掏出镜子对自己审视一番一样。对有社交恐惧的人而言，他们在社交过程中总想着别人怎么看自己，被理想化的自己所束缚，过高要求自己，也在心底夸大了别人对自己的看法。究其根本原因还是由于内心的自卑，以及对自我长期形成的不合理的定势评价。其实正常情况下，别人不会过于注意你，你的一切心理活动都只是对自己的过度关注和想象，加重了心理负担，进而引发了后面的行为表现。因为你不是别人，别人也不是你。所以，不要总是想别人会怎么看你，也不要把自己的这些想法放到他人身上。

其次，接纳自己的不完美。社交恐惧者看待问题时总是用放大镜看自己，用缩小镜看别人，其实没有人是完美无缺的，不要总是拿自己的缺点去和别人比较。我们要学会接纳自己的不完美，善于发现自己的优点，就算是明星也会有人不喜欢，也会被别人否定。我们不是神仙，不要对自己抱有这么高的要求。这个世界上，总会有人喜欢你，也总会有人不喜欢你。但这又能怎么样呢，说不定你口中的别人在其他人眼中也不完美。放下自己、顺其自然才能打破恶性循环。

最后，如果你有以上的行为表现，不要逃避，努力逼自己去改变。我们要怀着善意与人交往，如果因为自己的一念之差而错失良机，不仅会让别人产生误会，一次次和别人疏远，而且还会在生活中影响到自己，这样就得不偿失了。躲避不是办法，直面这样的心理状况，用行动改变它。所以，克服社交恐惧最好的办法就是训练，有了一两次的尝试，后面就会慢慢变好，这是一个水到渠成的事情，长此以往，你就会变成你想要的样子。

3. 你敏感吗?

confused

问题：我很敏感，有时候别人的一句话、一件小事，我就会放在心上，惦记很多天。我也曾试过说服自己不要想这么多，但就是改不掉，感觉每天过得都很疲惫。

解惑：

一项心理学研究显示，在我们的生活中大约有 15%～20%的人是高度敏感的。这是一个非常庞大的群体，所以如果你很敏感，先不要为此难过或自卑，因为并不是你一个人如此。有人喜欢光明，就有人喜欢黑暗，试着去接受自己的不一样。

为什么敏感的人更容易心累？

敏感的人一般都过于自省和念旧，经常会对过去的一句话、一件事揪着不放，并联想到各种可能性。或者对于没说出口的"谢谢"能惦记好几天，不敢提出自己的请求怕别人觉得麻烦。而且在意别人的感受，宁愿自己受委屈，也不想别人不开心，对方一失落就紧张，对方一道歉就心软，甚至觉得都是自己的错。总之，敏感的人像是拿着一个放大镜看世界，一个小细节、一句话、一个表情、一个动作都会被无限放大，所有的美好都加倍，所有的丑恶也都加倍，过于丰富的想象力让一点点甜变成甜到发齁，让一点点苦变成痛不欲生，使得自己的心情整日犹如坐过山车一般。

但是，敏感也是一种天赋。敏感的人承受得更多，但同时也感受到更多；他们更容易悲伤，也更容易快乐。当在做事的过程中对事情本身很敏感时，还是有很大好处的，甚至是一种能力或才华。因为敏感的人拥有超出常人的感知力和共情力，情感细腻，第六感奇准，能轻易发现别人发现不了的情绪和细节，更容易和别人产生共鸣，也更容易被接受。

这使得很多敏感者的职业道路以及兴趣爱好很难纵深发展，即什么都会一点，但什么都不精通。但体验更多并没有什么不好，关键在于能够找到真正喜爱的事业。很多敏感者从事过多份工作后，才意识到能发挥自身敏感天性的工作最能带来幸福感。令他们满意的工作通常是看重沟通、引导他人、能够充分发挥自身共情能力的工作，并且不受死板规章制度的限制。

也正因为共情能力很强，敏感者常常会感到信息超载。这里的信息是指广义的信息，包括他人的情绪、社交谈话，以及传统意义上的信息。我们的大脑也有像电脑内存一样的中转站，用来储存临时信息供大脑慢慢消化，因为敏感者的感受功能强大，因此大脑内存很容易满载，这会让大脑停止工作，就像死机卡顿的电脑一样。

那么面对敏感带来的疲惫，我们要怎么做呢？

首先，要接受真实的自我。性格敏感受遗传因素的影响比环境和教养更大。有科学研究表明：即使一只猴子从未见过自己的父亲，它也会继承其父的一些特质。在生物学上，遗传的力量相当强大。所以，对于敏感的人来说，想让自己变成不敏感的人，可能性不大。人无完人，既然别人也不完美，你又何必对自己有这么高的要求呢？正像前面所说的那样，敏感有时候也是一种优点，不需要逃避自己的敏感，更不要以此为耻，痛快地做自己，别人说什么其实真的不重要，把注意力用于发展和完善自己。只要你成长得足够强大和通透，你就不会那么敏感脆弱，痛苦也会少很多。

其次，停止你的过度内疚。如果你为那些并没有产生任何实质性影响或者自己无法控制的事而内疚，那么这种内疚其实是多余的。太在乎别人对你的评价和态度，那么你注定会很痛苦。因为别人对你的评价和态度根本就不是你能控制的，无论你有多么在乎。持续过度地在乎这些你控制范围之外的事情，只会不断地感受到无力、挫败、沮丧、焦虑等痛苦情绪。如果自己真的做错了事，与其一味内疚责备自己，不如从这件事中总结经验和教训，防止自己再犯同样的错误。有了总结，不快的事情反而能给我们带来一定的好处。

最后，你需要努力成为一个洒脱的、强大的自己。再优秀的人，也可能会因为被嫉妒而招来非议，别人的闲言碎语根本说明不了什么。别人有权用自己的标准去评判你，正如你有权用自己的标准去行动，互不干涉，各得其所。真正能伤害你的，其实只有你自己，是你看待事物的方式决定了你的情绪。真正能保护你的，也只有你自己。一个人若是懂得适时地揣着明白装糊涂，一定能在繁杂的人际关系中游刃有余，让生活更加愉快，也让身边的人满是欢声笑语。

4. 无法拒绝别人的要求，我该怎么办？

confused

问题：我平时性格活泼开朗，积极参加活动，和身边的同学相处得很融洽，人缘很好。可能因为性格随和，比较好说话，所以大家总是找我帮忙，刚开始的时候我没觉得有什么，后来发现因为总是帮助别人做事却耽搁了自己的事情，虽然明明心里不情愿，但又难以拒绝别人的求助，这让我很苦恼。

解惑：

可能在我们的成长过程中，我们曾一直被要求去服从，有些人认为，只有不断地满足他人的需求，自己才会被喜欢和接受，这可能是出于想讨好他人的心理。很多人对于讨好有误解，认为它是一种良性的心理状态，因为从表面看来，被当作好人总是不错的。可实质上，它源自缺少对自己个体价值的肯定，渴望通过帮助别人获得肯定和赞美。一些人会认为，拒绝他人会让自己显得十分不合群，他们生怕因为自己拒绝了别人的请求，就会遭受到排斥或孤立。因此，他们常常感到"内心想要拒绝却无法拒绝别人"，其实还是源于内心不自觉地、无意识地以及无休止地想要讨好他人，以获得对自我价值的肯定。

有些人会因为对他人的同情心而不好意思、不忍心拒绝他人。其实这就是过度的同情，是指自己对他人的处境高度敏感，总是希望能够通过自己的努力来减轻或消除他人的痛苦，甚至觉得别人离不开自己。这其实是过分夸大了自己的能力和作用，你的帮助，只不过是为他人提供了某种方便而已，远远没有到决定成败的程度，更不会决定生死。一个人，如果一味地要求自己做个"好人"，便很容易被他人的看法和观点所左右。一个没有任何主张的人会使自己处于不利的境况，世界上没有十全十美的人，自己也不可能让所有人都满意。所以，学会拒绝也是一种快乐。学会拒绝既是自我保护的一种方法，也是与人交往的技巧之一。

首先，你需要知道不拒绝别人有时会损害到自己的利益。当你答应对方的要求时，你可能打乱自己的休息时间或工作时间，也可能会涉足那些你极度不愿意做的事情，从而牺牲自己的原则，这些都得不偿失。不想做的事可以拒绝，做不到的事不用勉强，你的人生不该用来讨好他人，而应善待自己。不懂得拒绝的人，即使把自己累死，也不会得到别人真正的尊重，因为对方习惯了你的顺从。如果你什么事都不敢说不，那你逐渐就活不出自我了，你活得就是别人希望的样子。虽然拒绝他人不是一件简单的事，但是在生活中，当自己能力不足或不情愿时，一定要学会适当地拒绝。

其次，要了解如何表达才会让对方更容易接受你的拒绝。拒绝他人是一种战术，因为没有任何一种拒绝是完美的。拒绝别人总会让对方不快乐，因此委婉地拒绝对方也是为了减轻自己的心理负担，并非玩弄技巧。委婉比直截了当更有说服力，你可以向别人说明自己的事情很多，并没有多余的精力和时间去帮助他。有时候，在拒绝对方的同时表达失望之情，感叹中带有惋惜的语气，能使得彼此都能体谅对方。或者你也可以给出其他合理的建议，提供一些能帮助到对方的其他资源，因为他们关心的总是谁能够帮他们的忙，所以当你拒绝了对方之后，帮他提供另一个解决方案就可以及时摆脱困境。另外，在说明拒绝的原因时，尽量避免含糊其辞的借口和太多的道歉，因为有些含糊的借口有可能让对方找到更多可以说服你的点，让对方感觉只要多费些唇舌便可说动你，过多的道歉也会给对方一种"这个忙你就应该帮"的错觉。

最后，要坚定地表达自己的想法与需求。有些人往往太在乎他人感受，看重他人对自己的评价与看法，从而不能拒绝别人。但是需要明确的是，你的价值并不取决于别人怎么看待你，难道是否给别人帮忙就可以评判出一个人的价值吗？答案显然是否定的。因此，你不需要因为拒绝而感到内疚或自责，更不必陷入自我否定。也不要勉强自己去做根本不想做的事情，给自己的心灵一片自由。另外，如果你觉得不能拒绝别人已经到了让你痛苦不堪的地步，甚至影响到正常的学习、工作与生活，你就要去寻求专业人员的帮助。

5. 现实与虚拟，何为真正的自己？

问题： 在网络中我很外向、活跃，但是一回到现实中就变得内向，不敢公开发表意见，就怕说错话。我不知道哪个才是真正的自己。

解惑：

其实两个都是自己，只不过你可能更喜欢网上那种精神状态，因为网上看不到对方，而且也有足够的时间和空间去组织语言。但是现实就不一样了，对方的一举一动都活生生地呈现在你面前，且每个人又性格各异，所以你会思考很多，但又不善于表达，从而显得内向。

心理学上对人格的定义为："人格是生命体实际表现出来的行为模式的总和。"并且这种行为模式的总和包含四个方面，即认知(智力)、意动(性格)、情感(气质)和躯体(体质)。人格具有持久性、稳定性，而性格则是人格层面可塑造的那部分。所以，人在不同环境下呈现的性格倾向是不同的，所谓的内向和外向只不过是在不同环境条件下的性格倾向性差异。

著名心理学家卡尔·古斯塔夫·荣格(Carl Gustav Jung)第一次提出了内外向性格理论，他认为划分一个人性格的标准不是他的外在表现，而是他的精力来源。也就是说：外向型的人通过与外部世界的互动(社交)来恢复自己的精力，否则就会容易感到孤独无助。而内向的人需要从内在获取心理能量，社交反而会消耗他们的能量。现实生活中也有不少人疑惑："性格内向真的不好吗？""性格内向，还有可能成功吗？""性格内向的人如何学会融入群体？"在一些人眼中，内向仿佛成了一种缺点。当然，外向的人也有外向的烦恼，难免给他人留下"不稳重""太闹腾"的印象。总之，面对自己不尽完美却又难以改变的性格，许多人容易感到困惑。

每个人都有自己的一套生活方式，面对不同的人、不同的事会产生不同的认知态度。外向与内向是相对的两个概念，每个人在接触陌生事物时都会产生自我保护意识。比如在亲人朋友面前你活泼开朗，在不熟悉的人面前腼腆内向，这都是很正常的现象。况且，一个人的性格，不是完全固定的，通常受先天因素和环境因素的双重影响，因此它也是可以变通和调整的，也可以说每个人的性格都是既内向又外向的。所以，性格并没有对错之分，外向与内向都有各自的优势。外向的人往往更有活力，而内向的人常常更具有洞察力。所以大学生应该学会发掘自己性格中的长处，改造自己性格中的短处，不要掩饰和自我否定，也不必过于迷恋和追求某种性格模式。华为创始人任正非曾说过："我这一生短板的部分我不管了，我只想做好我这块长板，然后再找别人的长板拼起来，这样就是一个高桶了。"你的性格特质成就着你，在自我探索的过程中，不要总是盯着自己不如别人的地方，而是要发掘出自己与众不同的优势，唤醒沉睡的潜能。

那么，如何挖掘自己的性格优势而成长为更好的自己呢？

第一，你可以回想一下自己的人生故事，这既是自我反思的过程，也是自我激励的过程。吾日三省吾身，在不断反思中能够更好地认知自我，从而不断超越自我。

第二，在回忆以前的点滴生活后，可以对自己的优势长处作一个总结，明确自己的优势，会激励自己走得更远。

第三，试着去寻找生活中的榜样。生活中，有些人会让你感到敬佩，但是这种敬佩是有距离的，因为你知道自己永远成不了他。还有另一些人不仅让你敬佩，而且更让你希望能成为他那样的人。所以你可以根据自己的性格来选择合适的榜样，寻找适合自己的道路。

如果说社会环境是大气和土壤，性格优势就是各人心中的种子。改变总是困难的，可无论土壤给种子多大压力，种子总会破土而出，发芽成长。无论你是花还是树，当种子探出土壤的时候，你会看到，很多和你一样的种子，也正在发芽。也许成为一个怎样的人可能不是一蹴而就，但是做一件怎样的事就变得简单很多，性格优势就是在各种平凡的小事中不断培养出来的。

6. 你尊重自己吗?

confused

问题: 我不喜欢自己,也不喜欢自己拥有的一切。总觉得别人都比我好,比我漂亮,比我更有天赋。虽然我知道有比我更差的人,但我还是觉得自己没用。一旦有人喜欢我,我就很恐惧,十分害怕他会发现我的缺点,然后嫌弃我、抛弃我。

解惑:

有些同学出现这种心理现象,其实是自尊水平过低导致的。过低的自尊会让我们对自己过于严格,看不到自己的成就和优点,还会因为害怕出错而犹豫不决。自尊是人格最根本的组成部分之一,是一种很隐蔽、难以捉摸的复杂现象,并不是所有人都能意识到。

自尊就是你怎么看待自己,是否喜欢眼中的自己。这种自我评判对我们的心理平衡极为重要,因为积极的评判会使人自我感觉良好,提高行动力;反之,则会给生活带来痛苦。

自尊由三大成分组成:自信、自我观、自爱。而只有这三者的恰当组合才能让人拥有恰如其分的自尊。

自尊意味着自我评判,而自爱则是完全无条件的。尽管自己有缺陷和不足,有过失败和挫折,但是自爱让人免于绝望,让你能够在经历挫折后,有重新站起来的勇气和相信自己的力量。

自我观不仅仅指对自己的认识,更重要的是对自己优缺点的评价。例如,那些自尊心极弱的人评价自己经常很负面,但实际上在他人眼中并非如此。另外,人们经常把自信和自尊混为一谈,自信主要针对行为而言,例如自信心不足的人经常会很拘谨,很清楚自己喜欢什么、想要什么,但是却因为害怕自己做不到或者怀疑自己的选择,而迟迟不能采取行动。

当然,并不是说自尊水平越高越好,低自尊也有优点,高自尊也有缺点。

低自尊的人往往在努力得到他人的认可，因此相比高自尊的人，他们谦虚低调的态度更受大家欢迎。同时，低自尊的人极其重视他人的批评和建议，并由此可以做到更好地倾听和理解。达尔文就是低自尊且成功的例子。达尔文一辈子谦虚和气，害怕与人发生冲突，从小就听从父亲的教导学医，其实自己很害怕血。尽管他的研究和理论已经基本成形，但他并不急于发表和出名，还是在征询了多位朋友的意见之后，才鼓起勇气发表了关于物种起源的论文，从而推动了科学史上的伟大革新。

自尊水平过高容易使人从自信走向自满甚至自负，因为他们总是会把失败归咎于外因，从不怀疑自己。这就像寓言故事《龟兔赛跑》里，过于骄傲的兔子输给了速度慢但却坚持的乌龟。这并非说高自尊的人不懂得坚持，恰恰相反，当一个自尊水平很高的人全心投入一个目标的时候，他们往往会固执己见，或者因为对自己的能力极度自信而选择冒险。许多研究也表明，一些自尊水平高的人更容易因酒驾或超速被罚。

我们无法绝对地评判自尊水平的高低哪个更好，社会交往圈才是决定因素，这就意味着拥有与你身边的人相符合的自尊水平或许才是最合适的。

自尊的水平并不能全面解释一个人的行为反应，因为在面对不同情境、不同问题的情况下，自尊水平是波动变化的。依照情绪的稳定程度，可以把自尊水平分为稳定和不稳定两大类。总的来说，稳定的人对外界环境的刺激不敏感，在面对问题时不会轻易失态，并保持言行一致；对不稳定的人而言，他们往往会对外界的刺激作出过激反应，情绪化明显。

如果你的自尊水平很高，基本不可能变成一个低自尊的人，但是反过来却有可能。许多低自尊的人喜欢活在阴影之下，这并不意味着他们不喜欢成功，而是他们害怕遭遇失败的风险。但是，在现实面前妥协是我们生活的一部分，每个人都渴望成功和奖励，只有这样我们才能将自尊维持在恰当的水平。

那么低自尊者应该怎么做呢？

首先，最容易的方法就是体验他人的成功。小到家人、朋友，大到群体、国家，享受他人的成功，为他人的成功而高兴，可以提升自己的自尊感。

其次，被一个团体所接纳，也有利于保护自尊。同时，团体能够共享成功，也能共担失败。比起享受成功，低自尊者更害怕失败，而加入一个团体，就可以减少因失败而承担的个人责任，令他们更有安全感。

最后，停止沉溺于幻想之中。低自尊的人往往喜欢沉溺于幻想，因为幻想可以体验不付出行动就能获得满足感，可以逃避现实对自尊的折磨。但是过度的幻想是很危险的，是在作茧自缚。因此，为了改变，行动是必不可少的。一个落实到行动的计划，不论它是意义重大还是无足轻重，对于未来的有利影响也比停留在幻想中大得多。

同样地，高自尊的人也需要维持自尊水平，虽然高自尊者会收获很多成功，但同时也面临着更多的失败。那么对于失败，一些高自尊者选择向外归因，或者和能力不足的人比较来维持自尊水平，这样的做法也是可取的，但是要谨慎避免成为自负或偏执的人。

7. 如何摆脱大学里的孤独感？

confused

问题： 我在大学里和同学相处得也算融洽，但我总觉得孤独，身边的同学都忙着自己的事情，很多时候是我自己一个人吃饭、去图书馆，没有人和我一起的时候，我就有一种迷茫的感觉。

解惑：

其实大学里的孤独是一种常态，因为孤独是大学里的必修课。这里的孤独是指独自一人，没有其他人陪伴或者不希望有其他人陪伴。在刚进入大学时，你感到的孤独，是在面对一个全新且陌生的环境，还有不熟悉的人和事的时候，所产生的无所适从的落寞。另外，大学里有充裕的空闲时间，不用再像高中生活那样，每天固定的时间，坐在固定的位置，身旁是固定的人。

在大学生活中，你的活动范围和交往圈子都扩大了，所以一时间会不适应。但是时间久了你会发现，你的孤独变成了心灵上的空虚。就像网络上所说，在大学里如何一眼区分大一和大三大四的学生：大一新生"成群结队"；大三之后"独来独往"。因为就算你慢慢适应了环境，交了很多朋友，最终也不一定有人可以成为你真正的倾诉对象，有时候室友只是室友，同学也只是同学。最后你开始学会了独处，真正地面对孤独。因为当你放弃了那些无谓的社交，真正沉下心去学习的时候，去思考自己的人生目标的时候，你就会开始慢慢享受独立思考、独立学习的感觉。所以，大多时候，我们感觉到孤独，以为只是苦恼身边没有人陪，其实理想涣散、随波逐流才是背后真正的原因。

有时候，你害怕孤独是害怕自己在大学不合群。但实际上，你来到大学学习，不是为了所谓的合群，而是为了成就自己，或找到真正属于自己的群体。强行合群，只会消耗一个人的热情。就好比一个宿舍里，三个人喜欢打游戏，只有一个不喜欢打游戏，那么这个人就会被说成不合群。这种感觉就像三观不合的两个人在一起，永远也不会有共同话题。所以，合到该合的群，当你知道自己想要什么，想成为一个什么样的人，把自己置身于孤独之中，才能心无旁骛地去做好手中的事情，这时你也在向属于你的群体靠近。孤独不是不合群，和别人在一起，你是属于社会的，只有在孤独中，我们才更加接近自我。

其实，孤独并不可怕，你要学会调整心态。

首先，你可以适当地享受这种孤独。有人说，孤独是可贵的，在不被外界打扰的时间和空间里，完全可以按照自己的意愿来安排自己的时光，这是一种绝对的自由。你可以在属于自己的时间里去做自己喜欢的事，同时也可以静下心来反思规划自我。给自己订一个计划，例如每周看一本书、写一些读书笔记、背诵固定数量的单词等，或者在学好专业课的同时，尝试考取一些有用的技能证书。不要总是宅在寝室里，多给自己一些成长的时间和空间，很快你就会发现你比身边的人多了很多的可能性。正是有了这些独处的时间，你的内心才能不断新陈代谢，你才有时间整理自己、反思过去，找到自己的优点，正视自己的缺点，规划自己的未来。

其次，不要因为害怕孤独就不惜用各种方式拉近同学关系。什么帮忙带饭、拿快递、上课顶替签到等，这些事情偶尔帮一帮可以，总是一味地帮忙只会让他们觉得你所做的都是理所当然。讨好和迁就交不到真正的朋友，刻意地合群也只会让你更加孤独。我们的生活中可能有这样一种人，他无法甘于寂寞，总害怕独处，于是他总是找朋友一起，期望通过和别人玩在一起，让自己快乐充实。于是，从来没有人见过他闲下来。他跟朋友在一起吃饭、游玩、娱乐，即使是晚上的时间，无论多晚都要打电话给朋友。朋友们渐渐开始觉得奇怪，为什么他总是精力充沛，即使关系再好，也不能时时刻刻都在一起啊！时间长了，大家对他渐渐有了看法，都在想着怎么疏远他。最终，他还是变得孤单。而这种被孤立的孤单，远比独处的孤单对他的杀伤力更大。就像蒋勋在《孤独六讲》这本书中提到的："孤独是不孤独的开始，当你惧怕孤独而被孤独驱使着去寻找不孤独时，才是最孤独的时候。"

最后，经常运动，保持健康的体魄。没有人能够忍受长期离群索居的绝对独处，也没有人能够长久享受喧闹浮华的交际。作为一个健康的正常人，你需要合理地安排时间与他人交流。比如你可以参加一些感兴趣的学生社团，这样不仅可以和大家一起锻炼，强身健体，同时也可以扩大交往圈，带来交际时获得的乐趣。同时，还要记得经常关心父母，千万不要到了用钱的时候才和父母通电话。因为无论你走到哪里，最牵挂你的人还是父母，平时可以多和他们分享一些自己的校园生活经历，有时听听他们的嘱咐和唠叨，也是一种幸福。

8. 何谓抑郁?

confused!

问题: 经常会莫名心情不好,想要流泪,喜欢一个人待着,对什么事都提不起兴趣,真的好讨厌这样的自己,但又不知道该怎么办。

解惑:

首先要澄清一些误解,抑郁和抑郁症是有区别的。抑郁是一种非常普遍的病态情绪,很容易化解,但是如果得不到有效调适,就会发展成抑郁症。抑郁症是一种疾病,抑郁症的特点是持续的心境低落,对以往热心的活动丧失兴趣,难以保持日常的活动,且上述表现持续至少两周。此外,抑郁症患者往往还有如下表现:丧失活力;食欲改变;睡眠过多或过少;焦虑;注意力下降;犹豫不决;烦躁不安;感到自己毫无价值;有负疚感或绝望感;有自残或自杀的想法等。

作为现代社会一种很普遍的不良情绪,抑郁并没有引起人们的足够认识和充分关注,所以,当很多人发展成抑郁症的时候往往不自知,这样就长期笼罩在抑郁的阴影中无力自拔,不能积极调整自己的心态,从而给生活带来了严重的影响。任何人、任何年龄都可能患上抑郁症,即使是那些看起来快乐、外向的人也是如此,尤其在互联网上花费大量时间和精力的人,更可能在精神上不稳定、孤独和沮丧。

抑郁的人,一般对自己有极其负面的认知。其核心想法和信念是:自己是无能的,不可爱的,也不值得被爱,从而感到非常无助和挫败。抑郁的人不仅对自己有这样的想法,对于别人和未来的想法也全都是负面的,他会认为周围的人都很冷漠,未来也没有希望,同时觉得自己没有能力改变现实,停在一个无能为力、无助的状态。

如果你感到抑郁,首先也是最重要的就是放弃自责,接受自我。放轻松,抑郁就像是生命中的一场感冒,每天 24 个小时总会有一些时间你会焦虑、难过、失望,这些都是你生活中的调味剂。不要总是沉浸在自己的思维当中，过多的自我沉思也是问题的一部分，而真正解决问题的钥匙却可能很简单。学着开始留意周遭环境，留意周遭那些错过的信息资源。去体验、感受这个世界，去觉察自己的感官对外界的反应，把自身的念头当作来去的浮云一般，不要在心里留下痕迹，不要把它当真。像是"都是我的错""我不值得爱"之类的负面念头，都当作是浮云。很多抑郁的人，其实都是对自己要求太过完美的人。人总是想寻求一个更好更完美的生活，这其实是一个无底洞，因为完美是一个不断接近的过程，并不存在一个终极的状态。完美的生活是特别虚幻的愿望，人生不如意事十之八九，正是因为这些不如意，才使我们的生活丰富多彩，才有不断向前去追求自己梦想的动力。

其次，周围人的理解、支持和关爱对于抑郁中的人十分重要。很多人对于抑郁的人会不理解甚至攻击。如果有人说自己抑郁了，大家也许会觉得他十分矫情。其实抑郁有时候就相当于精神发高烧，虽然身体上看似没有问题，可是精神上真的连喘息都很困难。由于我们对抑郁症缺乏了解，没有给身边的患者足够的支持与理解，这就会使情况更加糟糕。帮助别人，会降低他们的抑郁率和自杀率。心理学家研究发现，一些积极行为，如帮人买食品或写感谢的小纸条等，也是治疗抑郁的有效方法，这些行为看起来微不足道，然而对一个抑郁的人来说，生活中多一些正面情绪，对他来说意义非凡，就算只有一分钟也好。

最后就是寻求专业帮助。如果你发现身边的亲友出现抑郁的症状，连续多日都不能缓解，应迅速请求专业医生帮助，精神科医生会及时提供专业的抗抑郁药物。这个阶段，时间就是生命，通常从抑郁转化为抑郁症只需要两个星期的时间，所以不要犹豫。还可以用其他有效方式作为辅助来缓解抑郁，比如经常跑步或进行其他体育锻炼，因为体育锻炼可以增加血清素的含量。日常饮食方面，可以吃一些富含色氨酸(构建蛋白质的物质)的食物，如肉类、鱼、蛋、奶酪、牛奶、酸奶、坚果等。此外，巧克力能促进血清素的生成，还可以提拔精神。碳水化合物也能促进血清素的生成，这些食物对缓解抑郁都有帮助。

9. 朋友少，就意味着社交能力差吗？

confused

问题：为什么到了大学认识的人变多了，朋友却变少了，之前的老朋友都有了他们自己的生活圈子，我们相互之间也很少联络，新认识的人都无法深交。是我社交能力变差了，还是我人缘不好？

解惑：

一个人朋友的多少并不能代表他社交能力的强弱。毕竟有些人喜欢独来独往，而有些人就喜欢朋友遍天下。谈到人际关系，著名学者张玲提出了人际关系中的自我三层理论，即根据个人对他人情感卷入的程度，可以将自我分成三个层次：深层、中层和浅层。

自我深层又叫亲密层，是指每一个人都感到最亲密的那一部分外在世界。如果一个人的自我深层所依托的对象是某个人，那么他就会对这个人有强烈的感情，两个人无话不谈，毫无戒备，因为这个人是完全可以信任且互相充分理解的。个人对自我深层的需要就像对食物、水和空气的需要同样重要，如果自我深层得不到人作为依托，便会用神、物或一定的观念等作为替代，并对这些事物倾注感情。自我深层所依托的对象如果突然丧失，就会给人带来巨大的创伤，使人感到无所适从，严重的还会出现心理问题甚至精神疾病。

自我中层又叫作角色层或支持层，它以角色关系为特征。这种角色关系与社会规范密切相连，与奖惩和利害分不开。位于这一层次的人、观念和事物对个人很有用，但并没有产生依恋感情，因为同样的角色完全可以由不同的人扮演或替代，就像教师必须有学生，老板必须有雇员，商人必须有顾客一样，我们不需要某一个特定的人作为角色关系人。当然，长期稳定的角色关系总是带有感情的。例如，同窗四载，毕业分别之际难免会依依不舍。这说明，自我中层的变化可以引起一定的情感反应，但是并没有自我深层变化那么强烈。

自我浅层也叫作工具层。这个层次的个人联系是可有可无的、偶然的、短暂的。例如，火车上的一次邂逅，舞场里的随机舞伴，交往中的逢场作戏。即使有长期联系，也是无关紧要的，不会在生活中产生大的涟漪。

很多人其实并没有想清楚一个人为什么要交朋友，是因为要排解内心的孤单？还是因为真的找到了与自己志同道合的人，希望人生路上有人和自己同行？或者只是为了与别人比较？就像有的人认为，在人情社会里，朋友当然越多越好，毕竟出门靠朋友。认同这句话的人，会让自己频繁地投入到各种社交活动中，希望可以结交到自己的贵人，当然这样并不能保证交到的都是真心朋友。有一个无法忽视的事实，就是那些在社交活动中与你热络无比的朋友，转身也许就是另一副面孔，当某天你真的有事要找他们帮忙时，回答你的除了推辞，别无其他。真正的朋友会愿意尽自己的能力救你于水火之中，而那些虚伪的、经不起推敲的朋友则会在这样的考验中原形毕露。

其实也不必过度苦恼友谊这件事，如果平时你遇到的是跟你思想完全不同频道的人，那么两个人即使表面热络，最后也只能走入鸡同鸭讲的境地，这样的朋友也只会浪费你的时间和精力，到头来也一样难以得到对方的真心相待。深圳尔雅总裁、You Core 创始人王世民在《思维力：高效的系统思维》一书中就谈到："在你的价值未有效建立之前，不要浪费精力在圈子上，若自身没有交换价值，一切社交都是无效的。"人生除了交朋友，还有很多重要的事情要做。人这一辈子，都在不断努力寻找真正的自己，追逐自己想要的生活方式。要学会从内向外看，与其渴求外在的认可，不如找到自己和人生真正的意义。人生是自己的，首先要活好自己，正所谓"你若盛开，清风自来"。真正的人脉不在别人身上，而是在自己身上，你在提升自己、活出自我的同时，生活圈子也会慢慢变好。

最后你要明白，关系都是有期限的，永远不要奢望每一段友谊都能达到自己理想的状态。正如周国平所说："对于人际关系，我逐渐总结出了一个最合乎我的性情的原则，就是互相尊重，亲疏随缘。我相信，一切好的友谊都是自然而然形成的，不是刻意求得的。我还认为，再好的朋友也应该有距离，太热闹的友谊往往是空洞无物的。"一个人，有三五知音足矣，至于朋友的多少，和个人性格、工作生活环境都有很大的关系，不可强求，和交际能力没有必然的联系。当然，真诚地对待每一个值得交往的潜在朋友，积极扩大交际圈，对提高生活质量、锻炼个人交际能力也是很有帮助的。

10. 为什么大学宿舍里的矛盾比高中时多呢？

confused

问题： 高中和大学同样是集体宿舍，为什么大学宿舍里的矛盾反而更多？应该如何妥善地处理与舍友之间的矛盾？

解惑：

高中的室友大都来自同一个城市，所以在生活习惯和交际方式上都比较相像。而大学室友则来自全国各地，在生活中的很多方面都有自己的独特性，很有可能就是这些独特性导致了矛盾的产生。此外，在高中阶段，大家的主要任务是学习，基本上过着教室、宿舍、食堂三点一线的生活，差异性小了，矛盾也就相应变少了。就算偶尔有矛盾，也会因为专心学业而最终不了了之。与高中相比，大学里存在更多的利益竞争，比如保研和奖学金评选等，这种利益之间的争抢也可能是关系不和的原因之一。但是，与人交往靠的是一颗真心，很多大学宿舍同学关系也很好，这取决于大家有没有积极的生活方式和明确的学习目标，有矛盾及时解决才能使同宿舍同学建立牢固的友谊。

大学宿舍的同学来自全国各地，不同的家庭背景和教育方式形成了不同的性格和习惯，因此，大家在一起学习和生活的过程中难免会有磕磕碰碰，那么，能够聪明妥善地处理舍友之间矛盾也是对人际交往能力的一种考验。

首先，搞好与舍友关系的第一步，也是最重要的一步，就是建立边界。明确和尊重他人的边界，同时维护自己的边界，不要丢失自我价值感。尊重是人与人之间交往的重要法则，适用于各个年龄阶段的人，即使关系再亲密，也不能忘记这一点。同时，尊重是相互的，尊重别人也是尊重自己。比如，在宿舍的时候尽量少外放声音打扰别人；煲电话粥时一定要注意时间，以免影响到别人休息；借用别人东西一定要说一声，不要一声不吭地拿走等。

其次，学会理性地沟通，合理地换位思考。遇到意见不一致的事情时要及时沟通，不要因此怄气，几天不说话，否则心里的矛盾积压久了，就容易产生怨念，导致更大的矛盾，双方多一点理解和反思，也许矛盾就会解开。友情其实建立起来也很容易，比如，舍友帮助了你，就真诚地表达感谢；在宿舍的时候，平时注意打扫卫生；和舍友沟通早上几点起、天气热不热、该穿什么衣服等，营造积极的氛围，慢慢来，慢慢融入。但是如果一味地去衡量谁付出得多，谁付出得少，或者对方做得这不好那不好，自己心眼小还憋着，这样你难受，对方也难受。当矛盾真的出现时，也要谨言慎行，少做一些让自己后悔的事情。想清楚如果与舍友关系破裂，你是否能像之前一样生活，是否会影响你的学习，所以做事说话一定要保持理性，万万不可意气用事。遇到事情要反思，不管是谁的错，反思可以让我们更快找到矛盾所在点，及时处理问题。

最后，如果真的处理不好舍友间的关系，也不必过度焦虑，与舍友关系不好有时不是一个人的问题。正如开头所说，大学宿舍里每个人的性格、爱好差距比较大，不一定能成为很好的朋友。可以定一个最低的标准，那就是不发生矛盾。当然在宿舍中偶尔会存在自以为是、狂妄自大的奇葩，如果他们把你的善良和忍让当成好欺负，那么我们也无需再忍耐或当软柿子，不过也没必要大动干戈，敬而远之即可。还有在相处过程中觉得很压抑并且已经影响到自己的正常生活，可以及时向辅导员老师寻求帮助，请求老师进行调解或申请更换宿舍。不要因为别人而迷失了最初的目标，要把重点放到学习和提升自己上。

11. 如何更好地处理与父母的关系？

confused

问题： 上了大学，离家很远，会经常想家想父母，有时候恨不得马上买车票赶回家。然而真的等到假期回家，一起待几天后就开始因为各种大大小小的矛盾而争吵，这时候又不想待在家了。

解惑：

其实很多大学生都遇到过这样的情形，在外上学的时候，天天想着回家。但是等到放假回家之后，又会与父母闹别扭、吵架，有时候闹着闹着就有了"离家回校"的想法。上了大学也就意味着开始慢慢独立了，所以开始有了自己的想法和生活空间，可能会和父母渐行渐远。但是和曾经亲密的父母要逐渐转变成两个既独立又相互连接的个体，这对双方都是很大的考验，期间也不免会出现很多矛盾。

首先，最大的原因就是父母与孩子的生活习惯和观念已经不同了。孩子进入大学的同时意味着父母开始变老，不再像过去一样精明能干，他们理解和接受新鲜事物的精力也不足了，而孩子的时代才刚刚开始。很多学生对自己父母的评价都是"多管闲事、思想固化"，就像经常会在"相亲相爱一家人"的家庭群里看到，父母总是转发"早睡早起对身体的十大好处""熬夜伤身又伤神""看了这个，你还敢吃外卖吗"等诸如此类的文章，他们是怕说多了你会觉得厌烦，便以这种方式提醒你，让你有一个良好的生活习惯和健康的身体。因为在父母眼里，孩子的身体健康永远都是第一位的。

其次，父母生活的圈子和孩子不同，有时候他们喜欢用自己的方式为孩子思考，忽略了孩子自身的因素。很多同学觉得和父母生活在一起，活动受到很大约束。这其实是因为在进入大学之前，与父母生活在一起的时间都较长，也就是说，作为孩子的你一直生活在父母的生活里，他们会觉得安排你的事是生活的一部分，但随着你不断长大产生了自我意识之后，你便会抗拒这种事情，很想展翅高飞去独立。尤其是进入大学之后，同学和老师很少会干涉你的生活，你就会觉得自己总算是自由了，所以才会在回到家中之后面对父母的管教和约束厌烦，总觉得自己长大了，渴望过自己的生活。但其实只有心理上的成熟才算是真的成熟，上了大学还不是真正踏入社会，这个时候人生经历和生活阅历都十分匮乏，不少大学生还有逆反心理，和父母有代沟，觉得父母不理解自己。有时候大家也要反思一下自己，你是否了解自己的父母？你是否知道他们讨厌以及喜好的事物？归根到底，最终这些不理解和不安都会被爱化解，给他们多一点点时间，多一点点温柔，你慢慢会发现父母变成了过去需要哄劝的那个你，想想他们曾经的教导，和平相处还会很难吗？

最后，当与父母意见不合的时候要尽量保持冷静，不要一开始就摆出不耐烦的表情，耐心听他们要说什么，确定明白之后，再把自己的想法清楚地告诉他们，同时要注意语气和沟通方式，这样才能避免很多不必要的争吵。俗话说"养儿方知父母恩"，很多人有了自己的孩子之后，才能亲身体会到父母的不易。父母对孩子的唠叨和要求只是因为孩子在他们心中还不够成熟和懂事，那么这个时候不能一味顶撞父母，应该在父母面前展现你自己，要让父母感受到，现在的你能够独立生活。比如平时帮父母做饭，主动帮忙干家务等，慢慢地，父母就会对你放心。父母与子女的关系是世界上最亲密的关系，就像小时候，父母就是孩子的一切，孩子是那么需要他们，他们温暖的存在是孩子安全感的最初来源，也正是父母的接纳和支持才为受挫的你注入能量，帮助你渡过难关。所以也需要日渐成熟的你承担起更多的责任，去接纳和引导父母，修复关系中的裂痕。

12. 如何看待网络暴力?

confused!

问题: 因为私人恩怨,同学把我的照片挂在学校表白墙上,并带节奏辱骂我,很多人也在评论下面跟风说一些难听的话,而我在网络上的反击却让这场闹剧愈演愈烈,甚至还有人给我发私信骂我、威胁我。我很气愤但是却无能为力,被逼得想退学。

解惑:

通常认为,网络暴力是一种在网上发表具有伤害性、侮辱性、诽谤性和煽动性的言论、图片、视频的行为。网络暴力是社会暴力在网络上的延伸,会对当事人造成名誉损害,往往也伴随着侵权行为和违法犯罪行为。

作为互联网的网民,大学生在网暴漩涡中受到的影响更为直接且深刻。为了了解青年对于网络暴力的态度与看法,中国青年报·中青校媒面向全国高校大学生开展了问卷调查,调查数据显示,88.44%的受访者认为网络暴力是一群人凑热闹所产生的非理性行为,50.02%的受访者表示这是群体宣泄愤怒情绪的出口,14.27%的受访者则认为网络暴力是网民为了伸张正义所作的努力。此外,20.82%的受访者认为自己很大程度上会受到网络暴力事件的影响,包括情绪、说话方式等。56.70%的受访者认为自己会受到部分影响,例如影响对事件的判断。此外22.48%的受访者认为自己基本不会受到网络暴力事件的影响。

"00"后大学生是伴随着网络成长起来的,而且越来越成为网络空间的主力军,而现在备受关注的网络暴力事件频发,其中也有部分大学生参与或旁观。那么对于大学生而言,该如何去看待网络暴力这个问题呢?就像电影《少年的你》,除了演员精湛的演技能把人代入其中外,同时还引发了社会和公众对校园霸凌行为的关注与共情。这种霸凌行为延伸到网上,就是网络暴力。近年来,大学生遭遇网暴事件屡见不鲜。例如有人捡到 iPad后因为张贴了一张"双语寻物启事"就被网友辱骂崇洋媚外;还有因为吐槽流量明星而被明星粉丝施压，要求学校将其开除等。

网络暴力在校园不断上演，引发广泛关注。但仍有网友面对网络暴力导致的悲剧时会说："现在的孩子心理太脆弱了，简直就是不珍惜生命，至于吗？"网络暴力就像一把刀子，没插自己身上，永远不知道有多疼。事实上，我们可能真的低估了网络暴力的破坏力和对受害者心理造成的伤害。

首先，网络暴力大多数是一种非理性的情绪攻击。俗话说"良言一句三冬暖，恶语伤人六月寒"，对施暴者来说，这可能仅仅是一种对现实不满的情绪发泄，但是却极易形成情绪传染。被害者在遭受到网络暴力后，经常会陷入多种负面情绪之中，例如难过、焦虑、暴躁等，就算是暴力事件被平息，这些负面情绪仍然会存在，需要很长时间去调整，甚至会给被害者带来严重的精神和心理问题，例如社交恐惧症、被害妄想症等。

其次，网络暴力相对于传统的肢体暴力，大大降低了施暴的条件，只要是具有基本网络操作水平的人，都可以通过留言、弹幕等方式进行施暴。而且网络暴力实施成本低、传播速度快且影响面广，加上多数网络施暴者抱有法不责众的心理，就更容易导致网络暴力频繁发生。

最后，网络暴力最可怕的一点就在于对受害者的尊严进行践踏。社会计量器理论指出，自尊是个体对其人际关系好坏的一种内在反映，它代表着个体和社会以及他人之间的关系，被排斥和被攻击的客观经历和主观感受都会给个体的自尊带来消极影响。而网络暴力会把这种排斥和攻击无限放大，使得受害者产生羞耻感和耻辱感，甚至丧失尊严，怀疑人生价值。而且自杀行为的"动机—意志"整合模型认为，自杀意念的产生主要来自于挫败或羞耻的体验。很明显，持续遭受到网络暴力，很容易使受害者在丧失尊严后，产生绝望无助的心理，甚至走向自杀。

每个人的心理能量都是有限的，当网络暴力这只无形的大手掐住了受害者的咽喉，剧烈地挣扎反而会使这只手越掐越紧，控制感急剧降低，能量终将被消耗殆尽。在电影《搜索》中，主角叶蓝秋因为在公交车上没有给大爷让座，被记者拍下视频公布于众，然后受到了媒体与公众无止境的攻击。这时她已经被诊断出癌症晚期，在治疗与放弃中绝望地徘徊，随着不明真相的媒体对她的攻击变本加厉，她最后放弃了治疗，从医院坠楼身亡。因此，我们之所以坚决反对网络暴力，不仅因为其行为本身的非正义性，也因为它会对人的心灵产生不可估量的伤害和影响。

那么对于网络暴力，大学生应该怎么做呢？

首先，在面对网络暴力时，我们应该在了解事情原委之后再理性发声。虚拟的网络世界，给那些充满狠戾恶意的"键盘侠"加上了一层保护膜，这就给原本争端不断的新闻事件，增添了一股暗流，带动一批不明真相的群众乱指矛头。这个时候你就要正确地对待事物，努力提高个人素养，增强明辨是非的能力，不盲从、不站队，不做网络暴力的发起人和助力者。随着舆论思考的，都是自己耳闭眼塞的人。只有在全面了解事情真相后，才能发表正确观点，而不是跟着舆论随波逐流，毫无原则地跟着大部队行动。

其次，如果你遭受到网络暴力，应该拿起法律武器来维护自身权益。遭受网络暴力时，你可能会因为信息泄露而收到各种各样的信息、电话、邮件等。这时候要留心，记下对方的电话或者邮箱地址等有用的信息。可能这些信息很琐碎，但是一旦收集好这些信息不仅能帮助自己维权，而且还可能帮助更多的人。收集证据后要及时向相关部门举报投诉，情节严重的可以报警或向人民法院提起诉讼，利用法律武器来维护自身的权益。

最后，大家要做网络空间的监督者，从自身做起，净化网络空间。中青校媒调查发现，90.53%的受访大学生表示，自己将通过"遇到事件时先详细了解、理性分析、不跟风发声"的做法来反对网络暴力，77.89%的大学生会发动身边的朋友一起拒绝网暴行为。大学生作为网络时代的受益者，也理应成为网络空间的建设者。当代大学生要努力提高自己的网络素养，杜绝网络暴力，特别是在一些论坛或者贴吧中，不发布不良信息，不煽动不良情绪，更不能随意暴露别人的隐私，并且对那些不健康的、违法的网络行为予以坚决抵制，引领网络主流价值观。

第五章

职 业 困 惑

大学生思想困惑及其应对

大学生思想困惑及其应对

1. 留在大城市还是陪在父母身边？

confused

问题： 我来自北方一个贫穷的小县城，从小我就立志要努力学习，离开贫困的家乡去更大的城市发展，在高考填报志愿的时候，我毫不犹豫地选择了南方某大城市的一所普通师范院校。作为一个地道的北方女孩，我还没有去远方看过，尽管当时父母希望我填报省内的大学，但我还是坚持了自己的想法。在南方上学后，我看到了大城市的繁华，也逐渐拉近了和这所城市的距离，都说读书的城市是半个故乡，我的理想就是毕业之后能够在这座城市找一份好的工作，将来把父母接到这边，我们一家人一直幸福地生活下去。但是美好的理想终究逃不过现实，我父亲生了一场大病，作为独生女，我回家陪了父亲一段时间，也看到父母脸上的皱纹多了，他们似乎一下子变老了，我开始思考我不在他们身边时他们该有多难过，谁来照顾和陪伴他们。但我自己目前也没有能力把他们接到大城市，如果我留在家乡发展，陪他们的时间就能多一点，可是留在小县城工作，发展空间受限，我会错过好的发展机遇，况且我始终认为城市的选择关乎着我的前途和命运。我现在很纠结，究竟该留在家乡多陪父母呢，还是留在自己喜欢的大城市工作，我该怎么办？

解惑：

当面临左右为难的选择时，你不妨静下心来去想一想，你真的对你周边的一切了解吗？你了解自己吗？了解你的父母吗？了解你的家乡吗？了解你的选择吗？了解你的"第二故乡"吗？也许你也无法一下说出这些答案，但总会对一些自己所期待和向往的事情保持着较大的热情，总会觉得这些事情和选择关乎着你的理想、发展和人生命运。

著名导演贾樟柯说他在山西生活了23年，年轻时对自己的家乡并不理解，也不理解当时的生活方式，但直到他离开家乡多年后，才开始理解自己的家乡，理解家乡人与人之间的关系，理解父母和同学，所以他真正理解家乡是因为离开了它。

年轻时大家总想去外面看看，外面的繁华和发展对我们有着巨大的吸引力，想着自己一定要好好学习，去更远的地方看看。每个人都可以依据自己的意愿进行更好的选择，这是各人的自由，但我仍认为我们接受高等教育的初衷是为了帮助我们的家乡摆脱贫困，而不是为了摆脱贫困的家乡。当然，并不是说我们一定要留在家乡，或者只有留在家乡才能建设家乡，而是我们不要因为家乡贫困而远离它，哪怕我们身在他乡，依然不要忘记家乡的发展离不开我们每个人的努力，只有在我们的共同努力下，家乡的发展才会越来越好。

无论什么时候，家乡都会一直在那里。如果你面临着大城市和家乡的两难抉择，你可以静下心来和父母谈一谈，把彼此之间的担忧和顾虑都说一说，做到相互理解和支持。如果选择了远方，在那些不能陪伴在父母身边的日子里，要经常和父母保持联系，关心他们。如果有一天自己有能力了，也不要忘记那片养育我们的土地，要努力建设和发展家乡。当然，选择家乡，并不意味着没有发展前途，比如，95后大男孩赖家益大学毕业后回家乡农村做了一名基层教师，用自己的力量去回报家乡，他的行为感染了一大批网友。对于一个年轻人来说，这样的勇气和担当值得我们每个人去学习，只有我们每个人都共同努力，我们的国家、社会和家乡才会越来越好。

2. 理想和现实怎么平衡？

confused

问题： 小王对互联网行业比较感兴趣，大学毕业后入职了某互联网公司。这份工作工资高但是工作时间长，一段时间后小王觉得身心压力很大，他开始担心长期这样下去身体会出现问题，可他确实又挺喜欢这份工作。小王的父母希望小王放弃这份工作，去选择体制内的工作，体制内的薪金虽然没有互联网行业高，但是稳定，以后面临失业的风险也小。面对在互联网公司的身心压力以及疫情期间一些公司的破产现状，小王开始有所动摇，考虑去选择体制内的工作。

解惑：

现实生活中大家经常会遇到这样的困境，想选择自己喜欢的工作，但是喜欢的工作薪金不高；选择薪金较高的工作，又不一定稳定；选择稳定的工作，又觉得稳定的工作过于死板。正所谓鱼和熊掌不可兼得，那么，究竟该如何平衡理想和现实之间的关系呢？

首先，要明确自己想要什么。如果本身就想找一份稳定的工作，那么可以考虑选择体制内的工作，体制内一般有公务员、事业编、国企编等，还可以依据自己的专业、喜好和能力等去作进一步的选择。不过无论是体制内还是体制外都各有利弊，体制内工作稳定，失业风险较小，但竞争较为激烈，一定程度上增加了报考难度。如果想要从事自由职业，去开阔眼界和大胆创新，那么可以去各类民营企业，也可以自己创业。一般情况下，体制外的职业薪水相对较高，能够得到快速的提升。只是从现实情况来看，一般工作时间较长，加班是常态，工作压力相对较大。因此，无论是选择体制内还是体制外的工作，都没有绝对的完美，各人要依据自身的实际情况去选择，切勿盲目跟风。

其次，要坚持自己所热爱的行业。能选择自己喜爱的职业是一件非常幸福的事，只有热爱才能驱使我们终其一生为其奔赴。伟大的思想家马克思原本家境优渥，本可以像其他贵族公子一样过着衣食无忧的生活，但他却关注那些在痛苦中挣扎的人们，为了帮助他们摆脱困境，他不惜得罪权贵，揭露资产阶级的丑陋面目，因此也遭到了权贵的报复，导致居无定所、贫困潦倒。即使这样，他也没有畏惧，依然勇敢地和权贵作斗争，为共产主义事业奉献了自己的一生。可见，真正的热爱是不计得失的，哪怕道路艰难，依然阻挡不了想要去维护和捍卫梦想的信念。现实生活中，一些人往往对事物只有三分钟热度，即使是自己喜欢的职业，他们可能在最初会保持着极大的热情，但时间久了就会产生职业倦怠，感受不到工作的意义和价值，转而怀疑职业本身是否是自己真正喜欢的。事实上，即使是自己很喜欢的工作，也会遭遇挫折，也会出现职业倦怠，但只要一直坚持，努力克服困难，才能真正在这一领域有所突破。

最后，永远不要停下前进的脚步。现实生活中，一些同学把找工作当作目的，一旦找到了工作便觉得人生就是如此了，每天重复着两点一线的生活轨迹，从一开始入职的欢喜到逐渐的倦怠，倦怠工作本身，倦怠人际关系，倦怠工作环境等。明明二十多岁的年纪却想着什么时候退休，什么时候能过上公园里老爷爷老奶奶那样散散步、跳跳广场舞、买买菜的生活。生活本身并不那么简单，有时是美好的，有时又是残酷的。所以要学会充实自己的生活，人的一生并非只有意念的消沉或者物质的享受，还有理想、信念的追求。要保持理想和现实的平衡，只有这样才能真正找到人生的价值和意义。

3. 没有名校背景是否意味着没有发展前途？ *confused*

问题：《令人心动的 offer》第二季中丁辉被淘汰，在网上引起了极大的争议，与其他竞争者相比，二本学历出身的丁辉，大学毕业干了一年销售后选择辞职考研，最终考上了华东政法大学法律专业硕士，之后在各大律师事务所实习并在已经转正一年的情况下再次辞职，到君合律师事务所面试实习律师。尽管他在节目中表现较好，但仍被淘汰。之后，丁辉一事激发了广大网友关于非名校毕业生发展前途的讨论。那么，没有名校背景就意味着没有发展前途了吗？

解惑：

著名主持人白岩松曾提到：在中国有 90%以上的大学生都是非名校大学生。他们不是 985 大学毕业生，也不是 211 大学毕业生，甚至连双一流大学的边都沾不上。但就是这 90%的非名校大学毕业生，成为了中国发展的基石。他们在各行各业里奋斗，谱写出了一个又一个新的篇章。因此，没有名校背景并不意味着没有发展前途。

其实，每一代人都有每一代人的困惑。无论哪一代人的成功都离不开艰苦的奋斗，只要踏踏实实刻苦钻研，一步一个脚印前行，总会到达终点。国家的建设离不开各行各业，离不开每个人的努力，名校背景只是职业发展道路上的一个因素，拥有与否，并不决定人生的命运。非名校生通过自己的努力照样可以闯出一片天地，而名校生如果不思进取，也会面临尴尬的处境。因此，我们要坚守在自己的岗位上，兢兢业业，为祖国的建设与发展添砖加瓦，才能真正实现人生价值和社会价值。

打铁还需自身硬。随着国家教育政策的改革，现在学生进入高校深造的机会逐渐增加，大部分双非院校的学生可以通过考研在高校深造，更好地学习专业领域的知识，更好地提高自己的综合能力，更好地促进自身的发展。这无论对于专业领域的学术深造还是就业都是不错的选择。我们生活在互联网时代，接触的信息和资源相对较多。俗话说多一个选择多一条路，我们可以通过网络学习很多知识和技能，不断提升自身的竞争力，为自己的职业发展奠定扎实的基础，在自己的舞台上发光发热。

4. 国内读研还是国外留学?

confused

问题：我是国内某高校的一名大学生，家庭条件一般，刚上大学我就立志以后要出国留学，所以在学习方面丝毫不敢放松。尽管学校有留学政策支持，但依然需要父母省吃俭用才能攒够所需资金，看着同寝室的室友出国留学，我特别羡慕，想着自己学习成绩优异，却苦于经济实力不足而担心不能出国留学，心里十分难过。加上国外疫情尚未稳定，父母也担心我在异国他乡的安全，希望我能留在国内进入高校发展。现在面对疫情和家庭条件等现实原因，我该如何选择?

解惑：

当代大学生面临着严峻的就业形势，企业对学历的要求也在不断提高，为了提高自身的竞争力，近几年越来越多的学生选择考研，但有些学生在选择国内读研还是国外读研时产生了一些疑惑。现在对它们的利弊作以下分析，使大家能够更好地选择适合自己的道路，在考研路上不迷茫。

首先，关于录取要求。国内考研人数近几年呈现出不断增长的趋势，据统计，2021 年国内研究生报考人数达到 377 万人，相比于 2020 年增长了 34 万人。大家要明确考研和保研的区别。考研主要通过国家统一考试，分为初试和复试，一般来说，初试在录取考核中占比较重，但随着报考人数的增加，竞争愈加激烈，导致复试在录取考核中所占比重也越来越大。而保研不经过初试程序，它是通过考评形式对学生的学习成绩、综合素质等进行鉴定，只有符合相关要求才能获取保研资格。而国外读研可以同时申请多个国家和多个院校，录取机会更大一点。申请国外读研要参加语言考试，且语言成绩必须达到报考院校的要求。此外，大学四年的学习成绩和综合成绩也是申请国外读研的重要考核资料，成绩越高越有利于申请较好的院校。

其次，关于时间成本。国内研究生主要分为学(术)硕(士)和专(业)硕(士)。学硕培养的是从事教学、科研等方面的学术性人才，学制一般为 3 年；专硕主要培养应用型、实践型人才，学制 2 至 3 年，也有个别院校是 2 年。以 3 年来计算，国内院校大概 1 年半的时间用于课程学习，剩下的时间主要忙于论文写作、求职就业等。国外授课型硕士学制一般是 1 年，研究型硕士学制一般是 2 年，时间相对紧凑，时间成本比较小。

最后，关于就业竞争力。国内读研一般对于考公务员、进国企的帮助比较大。如果就业意向是事业编、国企，国内读研就能满足就业需求，而且相比于国外读研，国内读研能够节省一笔资金，对于家庭条件普通的学生来说是较为理想的选择。若申请的国外院校综合实力低于可申请的国内院校，国外读研就略显逊色。当然，对于家庭条件一般的学生，如果自身足够优秀且坚定了出国留学的想法，可以申请走学校项目，走学校项目一定程度上会减轻资金等方面的压力。国外读研除了可以获得专业能力的提升外，还可以更加熟练地掌握一门外语，对于想进入世界 500 强企业工作帮助比较大。现实中很多知名企业在招聘过程中会明确要求求职者学校的排名，比如要求是 985/211 或者是 QS 世界大学排名前 200 的大学。

5. 如何进行职业规划？

confused

问题： 我是一个喜欢音乐的女孩，但由于家庭条件普通，不能支撑我报考自己喜欢的专业，因此选择了并不喜欢的汉语言文学专业。父母希望我将来能在家乡的小县城当一名中学老师，工作稳定且受人尊敬。我上了大学后，只想着毕业了回县城做一名老师就好，所以放松了对自己的要求。直到大学快毕业看到周围的同学纷纷考上了公务员或者名校研究生，才开始思考自己的定位是不是过于低了，于是也去报考公务员和研究生，然而结果都不理想。面临毕业的压力，我既失望又无助，不知道自己的人生该何去何从。

解惑：

现实中像该同学一样选了自己不喜欢的专业以至于迷茫又无助的学生并非少数，根据 2020 年网民票选出的"人生十大遗憾之事排行榜"，在近3700 多万的票数中，"因入错行或选错专业使得人生只能得过且过"以近456 万票位居第四。虽说鱼和熊掌不可兼得，但作为大学生，应该怎样尽量避免遗憾，更好地促进自己的发展呢？

大学生职业规划是指大学生在大学期间进行系统的职业规划的过程，职业规划是否合理关系着个人的发展前途，只有制订科学的职业规划才能更好地促进个人发展。而制订职业规划必须同时考虑内部因素和外部因素两个方面。

首先，就内部因素来说，要了解自己，即"我是谁""我想做什么""我能做什么""我会做什么"等。关于"我是谁"，要明确自己的基本信息，包括年龄、专业、学历、家庭情况、性格特征等，做出最基本的定位。关于"我想做什么"，要明确自己的兴趣爱好。兴趣是最好的老师，只有兴趣才能支撑我们对某一领域的长期坚持和热爱。关于"我能做什么"，既要考虑自身的专业能力，又要考虑身体条件，特别是从事航空航天类职业必须具备较强的身体素质。关于"我会做什么"，要综合考虑自身的优势和劣势。

对于擅长的技能要通过努力学习不断强化，对于不擅长的尽力去提升，不至于影响整体的发展，必要时作出取舍也是合理的。

其次，就外部因素来说，要综合考虑国家政策、专业发展、企业发展、城市发展等方面。关于所学专业，要考虑专业的发展现状以及发展趋势，分析政策、行业环境等因素对于专业相对应的行业的影响，科学评估专业的发展趋势。关于企业发展，要考虑选择在大公司发展还是小公司发展。相比于大公司，小公司的内部竞争相对较小，个人能力能够得到充分发挥，发展相对较好，但小公司资源有限，管理体系相对不成熟，而且一些小公司没有足够的资金支撑，破产的风险较大。大公司在福利、晋升、培训体系等方面优势突出，且在大公司的工作经历对未来的发展有较大帮助，但同时大公司人才竞争比较激烈，只有自己足够优秀才能在激烈的竞争中脱颖而出。关于城市发展，大城市资源丰富，就业机会相对较多，但生活成本也相对较高，对于大部分年轻人来说在大城市安家立业较为困难。与之相反，小城市发展相对较慢，生活成本低，安家立业压力较小，但发展空间有限。

最后，如果已经选择了自己并不是很喜欢的专业，应该怎么做呢？一是可以咨询职业规划师。一般情况下，学校会有专业的职业规划师为学生提供就业指导，若是对自己的专业或者职业有所困惑，可以寻求帮助。二是可以考虑转专业。一般情况下学校会有转专业的名额，但对成绩有要求，因此，要想获得转专业的机会就要努力学习。三是可以报考双学位。尽管双学位一般不会和正常的课程学习冲突，但要考虑自身的实际情况去理性选择。四是可以考虑考研。考研是不会限制专业的，如果下定决心要换方向，可以尽早准备，不断学习和积累相关专业的知识，提高考研成功的概率，通往实现人生理想抱负的大门。

6. 如何拓宽就业渠道？

confused

问题：我是一名大四毕业生，毕业之际学校举办了校园招聘会，我浏览招聘信息后发现自己的专业能选择的公司相对较少，公司规模大多较小，且地方偏远。尽管这样，我还是抱着试一试的心态投了几份简历，参加了面试。其中一家企业对我比较认可，希望我毕业之后能尽快入职，但我犹豫了，我觉得这份工作不是我所向往的，最终我谢绝了该公司的好意。由于我了解就业信息的范围比较狭窄，所知道的就业信息也只是来自校园招聘会和学长学姐的推荐。现在我不知道该如何拓展自己的就业渠道，去找到自己向往的工作。

解惑：

对于尚未毕业的大学生来说，想要拓宽就业渠道，在大学期间可以考证和多参加实践活动，提前做好准备，为找到向往的工作打好基础。

一方面，在大学期间要充分利用课余时间去考一些证书，例如英语四六级证、教师资格证、二级建造师证以及律师证等，通过这些证书拓宽自己的就业渠道，但同时也要意识到并不是证书越多越好，我们要尽量结合自己的专业、时间、精力以及能力等因素，去考取相关证书，避免在不是很相关的证书上浪费太多时间。大学四年的时光较为宝贵，我们要充分利用，避免走太多弯路。

另一方面，可以在大学期间去实习。实习要尽量考虑大企业，在大企业实习可以得到更好的锻炼，接触到更优秀的人，积累一定的工作经验，对毕业后的求职有较大的帮助。当然，如果没有机会去大企业实习，也要在学校多参加一些与自身专业相关的实践活动。就文史类专业来说，有条件的可以考虑支教，锻炼自己的教学能力；如果没有机会支教，可以考虑做家教，为以后从事教育行业积攒经验。

对于面临毕业的大学生来说，主要通过线上和线下两种途径拓展就业渠道，线下主要是校园招聘，而线上主要是网络招聘，所以要充分了解和利用好这两种渠道，以便找到心仪的工作。

一方面，以校园为渠道。一是要多参加校园的招聘会，校园招聘会有秋招和春招，秋招一般在 9 月中旬开始启动，会集中在每年的 9～11 月，主要针对应届毕业生，职位较多较全；而春季招聘在第二学期，即毕业学期，一般是在 3～4 月份，以补录、招聘实习生或者招聘有经验的社会人员为主。一般情况下，秋招和春招除了招聘时间不同外，招聘规模和招聘难度也是不同的。相比于春招，秋招规模更大，特别是在企业数量、质量和宣传力度等方面，而春招明显机会较少，难度也会有所增加，因此要尽量抓住秋招的机会。二是除了关注自己所在院校网站的就业信息外，要多关注相关专业实力较强学校的就业信息网和相关公众号。如果你的专业是师范类，可以依据自身的实际情况去关注一些知名师范院校的就业信息网，一般较好的院校会吸引较多的企业，就业信息多，就业机会也就多。三是要多和本校就业指导老师沟通，询问本专业的就业情况和就业形势。此外，要和以往毕业的学长学姐保持联系，了解他们的就业方向，询问其所在企业有没有最新招聘信息或空缺岗位。

另一方面，浏览其他各招聘网站或者相关专业论坛。就招聘网站来说，可以依据自身实际情况去智联招聘、前程无忧、BOSS 直聘、猎聘、应届生求职网等网站去获取就业信息。虽然网络招聘渠道相对较多，但一些小网站存在虚假信息，大学生社会经验缺乏，为了避免上当受骗，要尽量去一些比较大型的知名网站和求职平台，或者当涉及个人财产等方面时，要保持警惕性，向正规渠道咨询之后再作决定。

7. 如何在激烈的竞争中保持良好心态?

confused

问题: 我是一名普通大学的大四毕业生,毕业之际在学校招聘会上向多家企业投去了简历,也参加了多次面试,但结果不是很理想。相对于小城市和小企业,我更倾向于大城市和大企业,可因为竞争太激烈我总是被淘汰。家人建议我降低要求,我不愿妥协,总觉得大城市才会有更好的发展。我的室友家庭条件优渥,毕业后被家里安排到一家公司上班,我心生羡慕的同时自卑心也开始作祟,加上之前求职失败的经历,我开始怀疑自己,认为自己一无是处,整日闷闷不乐。

解惑:

近年来,随着我国教育规模的扩大和教育制度的改革,毕业生的数量迅速增加,就业难的问题也越来越突出,毕业生面临的就业压力也越来越大。那么,面对竞争激烈的就业环境,大学生应该如何保持良好心态?

首先,要客观地看待竞争。竞争是不可避免的,如果能在竞争中脱颖而出当然值得高兴,但如果暂时失利了,也不要过分自责和怀疑。每一次失败都是在为成功作铺垫,要学会积攒经验教训,避免类似的问题再次发生。若是因为专业能力方面的问题而失利,可以利用此次机会努力提升,为将来的工作打好基础。

其次,要制订适合自己的职业目标。理想和现实总会有一定差距。一些学生刚毕业时对工作期望较高,自我定位过高,以至于在求职过程中频繁受挫,这样一方面使自身失去求职信心,产生自我怀疑心理;另一方面把时间和精力花费在追求不切实际的目标上,而错过了真正适合自己的岗位,长期处于待业的状态。因此,大学生要学会对自己的职业生涯进行规划,树立长久的职业发展理念,再结合自身的实际情况合理地制订目标,通过完成一个个小目标最终实现大目标。

最后，克服消极就业心态。大学生在竞争激烈的就业环境中常常会出现焦虑、自卑、盲目、攀比、依赖等心理，如果不加以调整会严重影响大学生的心理健康。一是要意识到在激烈的就业竞争中，经历挫折是很正常的，第一次求职失败并不意味着自身的能力不行，可以趁着此次机会进行自我反思，积累经验，为下一次的求职作足准备。二是切勿盲目跟随周围的同学考研、考公。一些学生看到别人考研考到名校，纷纷报考同一学校，而没有结合自己的实际情况去考虑自己能达到什么样的目标，哪些学校是自己可以报考的，结果往往不尽如人意。三是切勿有依赖心理。一些学生在面临严峻的就业形势时，没有积极主动地参与竞争去争取，而是寄希望于学校、亲朋好友等，总希望通过关系获得工作，这样的思想是不正确的。只有不断地克服消极心态，才能更快地找到适合自己的工作。

8. 如何让简历脱颖而出？

confused

问题：我是一名大四学生，进入大学后没有了来自父母的约束，便放松了对自己的要求，经常熬夜打游戏、旷课、不参加班级组织的活动等，以至于大学四年学习成绩不理想，理论基础不扎实，缺乏实践经验。在毕业之际，面临着竞争激烈的就业环境，我看着自己空空的简历萌生了不好的想法，为了使自己的简历看起来更丰富，我开始伪造自己的经历，特别还提到自己对某一专业知识较为精通，还当选了学生会某一部门的部长，组织了院系的很多活动等。当面试官问到我"精通"的专业知识时，我却哑口无言，面试结果最终以失败告终。

解惑：

大家经常会有这样一种心态，在填写简历时总觉得自己的个人经历不够丰富，或者由于大学参加的活动没有什么竞争力，与所投岗位相差甚远，会产生一种因为担心简历内容不够丰富而在激烈的竞争中败下阵来的想法，事实上，当对自己所申请的岗位高度期待时便会产生这种想法，那么，应该怎样看待这种心理现象？

如果你现在意识到自己存在这种心理现象，不必焦虑、回避，因为这种高期待恰恰会驱使你朝更好的方向努力。因此，你可以试着提前了解简历填写的细节要求，为自己的求职之路铺平道路。以下是关于简历填写的相关注意事项，希望对大家有一定的帮助。

第一，信息填写要准确，特别是身份证号、联系方式、出生年月等个人信息。俗话说，细节决定成败，个人信息的填写失误也有可能成为求职路上的绊脚石，一些注重细节的公司会通过求职人简历上填写的信息观察其日常生活态度，作为录用与否的重要考核标准。

第二，信息填写要主次分明，突出重点。在一些学生的认知里，简历信息填写越多越容易脱颖而出，越会在求职过程中占据优势。事实上，简历信息并非越多越好,一些学生为了增强自身就业竞争力,只要是能想到的经历都要罗列,但结果往往适得其反。这主要是两个原因造成的:一种是没有对填写信息进行归类,视觉上给人一种混乱感,而一些公司不会花费大量时间去仔细翻看那些条理混乱的简历;另一种是没有重点突出与自己所投岗位相关的信息,一些学生为了突出自身的综合能力,在填写过程中会填写各种各样无关的信息,而忽略了与自己所投岗位相关的信息,这样一来,即使自身在某专业领域的能力较强,也很难凸显出来。

第三,要及时调整简历。为了增加求职机会,多数学生会将自己的简历同时投递给多个公司,若是同一类型的岗位,简历信息变动较小,同时投递不需要反复更新简历,但面对不同类型的岗位,要及时调整自己的简历,增加与此岗位相关的信息。

第四,要准备好两种简历。一份简历要简洁明了,主要包括个人信息、学习经历、实践经历以及兴趣爱好等,另一份要重点阐述自己与所申请岗位相关的能力。如果你的志向是去某一所高校当老师,那么除了简洁的简历外,也要通过一些材料展示自己的学术成果等来增强自身的竞争力。

第五,简历照片要简洁大方。一些学生为了让自己的照片更美观,往往会对图片进行精修,使整个人看起来充满活力,这样的照片当然能锦上添花,但一些学生过度修图,以至于照片和本人看起来差距较大,难以给面试官留下好印象。

第六,简历切勿造假。一些学生为了增强自身的竞争力,会将实践经历过度美化甚至凭空捏造,例如对某一软件了解不深,却说自己精通,这样的行为无疑在给自己挖坑,若面试官就此问题与你进行更深层次的交流,结果可想而知。因此,简历造假行不通。

9. 如何轻松应对面试？

confused

问题： 我是国内一所普通大学的大四学生，专业是市场营销。由于性格内向、不善言谈等原因，我在大学期间参加活动较少，不过学习成绩较好。在参加一家公司的面试时，由于我过于紧张，大脑一片空白，以至于自己很擅长的专业知识点没有表达清楚，没有凸显出自己的专业素养。其次，当我在回答的过程中看到个别面试官低下了头，认为面试官觉得自己不太行，更加没有信心了，也因此没有尽最大的努力去争取，最终面试以失败告终。

解惑：

首先，要客观看待面试。一是要了解面试。面试简而言之就是求职者和面试官之间面对面的交流，可以试着把面试官当作朋友，去交流对一些事物的看法和见解，而不是一味地表达自己或者迎合对方的观点。二是要意识到面试紧张是一种正常的心理现象，但过于紧张不利于正常发挥。要仔细分析自己紧张的原因究竟是准备不充分、对工作的过高期待还是对人际关系的畏惧。只有分析清楚原因才能对症下药，克服面试紧张。三是要不断地自我鼓励，增强自信心，积极的心理暗示有利于面试的超常发挥。

其次，专业知识要熟练。专业知识是面试官考察一个人工作能力的重要方面，因此要把专业知识准备充分。专业知识储备丰富除了能体现我们的专业能力外，还可以缓解我们在面试过程中的紧张感，以便更加自然地与面试官交流。当然，如果对专业知识的某一方面不熟悉，恰巧又被面试官提问到，切莫慌张。眼神要自然，态度要诚恳，可以向面试官阐述自己对这一方面不太精通，但可以围绕与之相关的角度提出自己的看法，让形势朝着有利于自己的方向发展，增强面试成功的可能性。

再者，仪表要简洁大方。一些学生会认为外在形象没有那么重要，招聘单位更看重学历、科研成果以及实践经历等。的确，相比外在，内在更具核心竞争力。但是不能忽视两点：一是仪表端庄在面试官眼中不仅代表着求职者的良好个人形象，也代表着求职者对工作岗位的重视以及对面试过程的尊重；二是要意识到，如果你申请的岗位本身竞争较激烈，那么和你能力相当以及能力高于你的人都是你的主要竞争对手，因此即使是微小的细节，也要格外重视，这样才能在激烈的竞争中脱颖而出。

最后，要学会"察言观色"。面试是一个双向选择的过程，不仅是招聘单位选择你，也是你选择招聘单位。在面试过程中，面试官会通过提一些问题观察求职者的专业素质、心理素质等，来判断求职者是否符合岗位的招聘要求，是否能更好地胜任工作。这样一来，求职者处于一种被动的局面，难以掌握主动权。事实上，求职者在面试过程中也要学会"察言观色"，比如在介绍自己的兴趣爱好时，或许会因为热爱而滔滔不绝，但此时面试官脸上已经表现出了不感兴趣，或是出现了左顾右盼、打哈欠等行为，这个时候就要结束这个话题。职场不同于学校，大家的时间都很宝贵，求职者要学会对一些不是很重要的事长话短说，对重点展开阐述，这样一来求职目的和态度都很明确，减少了麻烦。

10. 如何看待职业道德？

confused

问题：小美大学毕业后，凭借姣好的形象被一家传媒公司录取做网络主播，公司对小美进行了包装，规划了小美的发展方向。一开始在某视频直播平台为小美打造了感情受伤的女主形象，发布一些情感语录来引发大众情感共鸣，不久后关注小美的用户越来越多，慢慢地小美有了一定的热度，公司开始要求小美直播带货。小美觉得带货本身没问题，但是后来她发现所代言的产品使用效果不佳便停止了带货。后来小美的同事因直播带货给公司带来了较好的收益，公司因业务能力强奖励了同事一笔不菲的奖金，眼看同事发展越来越好，小美开始犹豫了，她在道德和金钱面前左右为难。

解惑：

职业道德是人们在职业活动中应当遵守的基本行为准则，遵守职业道德不仅有利于个人的发展，也有利于整个行业和整个社会的发展。作为一个合格的劳动者，应努力遵守职业道德。

首先，大家必须明确职业道德是一种职业规范，既包括职业内部人员之间的规范，也包括职业人员与服务对象之间的规范。职业内部人员只有遵守职业规章制度，做到相互尊重、相互理解、互帮互助才能更好地开展工作。而职业人员在处理与服务对象之间的关系时，要秉持负责的职业态度，不能敷衍和欺骗服务对象，因为一旦违背职业道德欺骗顾客，无论对顾客、职业人员甚至整个行业都会造成一定的影响。现实中，一些网络直播平台无论对主播信誉还是产品质量都审核不严，网络主播违背职业道德进行虚假宣传，导致一些消费者的权益受到损失，例如有消费者在使用网红推荐的化妆品后出现过敏、皮肤受损等现象，而这些虚假宣传的主播会被封杀，可见，违反职业道德最终也会被行业所抛弃。

其次，职业道德关系着个人的职业发展，关系着企业的形象，关系着整个行业的发展，关系着整个社会道德水平的提升。就个人的职业发展来说，在职业活动中，遵守职业规范不仅会使自身更好地服务他人，在工作中更好地实现人生价值，也会得到他人的尊重，赢得良好的声誉。就企业的形象来说，大家在选择职业的时候往往会考虑除了自身是否达到企业的要求外，也会考虑企业的发展、运营、文化、信誉等方面，一旦了解到企业存在拖欠工资、疯狂加班以及企业内部人员不团结等情况，很大程度上会影响求职者的选择。可见，企业的职业道德承载着企业文化和凝聚力，无论是企业领导人还是企业工作人员都应该遵守职业道德，共同为企业的发展作出努力。就行业发展来说，一旦个别企业内部出现违背职业道德的情况，不仅会对该企业的发展前途造成重大影响，也会让公众对整个行业失去信任，特别是像"地沟油""毒奶粉"等威胁公众生命安全的事件的发生，对国内整个相关行业都造成了巨大影响。就整个社会道德来说，只有每个人都恪守职业道德，才能营造良好的行业环境、社会环境，才能更好地促进整个国家和社会的发展。

最后，要自觉遵守职业道德。这不仅是喊喊口号，而是要通过企业文化、职业人员的内心信念和工作习惯等进行自我约束才能实现。对于企业来说，要依据自身实际情况挖掘和培养文化底蕴，营造良好的企业文化氛围，增强职业人员对企业文化的认同，齐心协力为企业的发展作出努力。对于职业人员来说，要在思想和行为上进行自我约束。要坚持底线原则，不为利益违背职业道德；要秉持服务意识，始终明确自己的职责；要有红线意识，不利用职权做违法之事。只有坚定内心信念和保持良好的工作习惯才能在长期的工作中坚守职业道德。

11. 如何看待工作、职业、行业和事业？

问题： 我是一名非艺术类专业的大学毕业生，从小便对美术有着极大的兴趣，我的梦想是成为像达·芬奇那样的绘画大师。因为各种原因我选择了学前教育专业，即便如此，我依然没有放弃对美术的热爱。大学期间我经常利用课余时间去一些培训机构学习，虽然与美术专业的学生相比我的绘画技术还不够专业，但绘画水平在不断提升，且培训机构老师也夸我很有绘画天赋。大学期间我一直在学校一家奶茶店兼职，赚取工资来支撑我的热爱。大学毕业后，我想选择与美术专业相关的工作，但因为我是非美术专业的学生而被拒之门外，虽然可以通过我的学前教育专业求职，成为一名幼儿教师，可这并不是我想从事的职业。

解惑：

大家在现实生活中经常会遇到与案例中同学类似的情况，为了赚钱和得到一些社会锻炼，会在寒暑假做一些兼职，既有像餐厅服务员、外卖小哥、商场销售员等不要求学历的工作，也有辅导机构兼职教师、公司实习生等与专业对口的工作。大家的目的都是为了获取满足生存所需的一些资金和技能，而不会考虑太多与个人前途相关的深层次的发展。这些活动被称为工作，这是一种低层次的需求。工作、职业、行业以及事业四者之间既有区别又有联系。正如案例中的同学一样，为了赚取参加美术培训的学费，选择在学校奶茶店打工，该同学在奶茶店打工只是为了获取资金，而不是喜欢奶茶店服务员的职业甚至打算未来从事服务行业，她的梦想是成为像达·芬奇那样的绘画大师。可见，工作、职业、行业以及事业是有区别的。

一方面，从概念来看，工作是一种劳动状态，是每个人付出体力或者脑力劳动的过程；职业主要通过所从事的社会工作类别来划分，如教师、医生、工程师、程序员等；正如人们常说的"三百六十行，行行出状元"，行业主要是依据工作对象来划分，就像餐饮行业、物流行业、农业畜牧业、房地产行业等；事业是一个人终其一生为之奋斗的，不仅仅是为了维持生存所需，更是为了追求人生理想、实现人生价值。

另一方面，工作、职业和事业的发展阶段有所不同。每个人生活在现实社会中，首先要解决生存问题，只有生存问题得到解决才有精力去考虑人生规划。在不依赖原生家庭的情况下，大家必须通过一些零散的工作来达到资金的积累和能力的锻炼，才能在此基础上去发现自己到底能胜任哪类工作，热爱哪个行业，从而确定自己想长期发展的职业，只有这样，才会在长期发展中拥有自己的事业。"感动中国人物"张桂梅将对教师职业的热爱发展成了教育事业，在对教育事业的艰难追寻中，贫困没有吓跑她，病魔没有打倒她，她一心坚守在自己的岗位上，兢兢业业，无私奉献，照亮了贫困山区孩子前行的路，这种精神是值得每个人去学习的。可见，真正的事业是不计得失、不畏艰辛、永不言弃的。

12. 求职时如何维护自己的合法权益?

问题: 毕业之际,小张从某中介了解到,一家公司招聘会计师,薪金5000元左右,试用期3个月。小张想着自己刚毕业就能拿到5000元工资觉得很不错,便向该公司投去了简历。不久之后小张通过了该公司的面试,在试用期,公司让小张做各种琐事,小张也没有怨言,心想这应该是公司在考核自己。小张顺利通过试用期后,变得特别忙,除了自己职责范围内的工作,还要做其他岗位的事,且薪水未变。为此,小张找部门负责人反映自己的情况,结果负责人说应聘要求中并没有明确规定会计师的工作范畴,公司无论哪个岗位缺人其他人就都得顶上,如果不干就拿不到工资。小张感觉自己受到了欺骗,他想辞职但一想到合同违约金就不知道该怎么办。那么,大家应该如何在求职过程中维护自己的合法权益呢?

解惑:

现实中一些大学生由于求职心切,缺乏社会经验,在求职过程中会忽视很多关键信息,比如容易轻易相信他人,不了解公司实际情况就投简历,薪水、待遇等没有和公司明确就急着入职,合同没有来得及看完就草率签字,对相关法律法规不了解,权益受损不知道如何维护等。等到真正就业时,才发现自身的权益已经受到侵害。实际上,一般情况下比较正规的公司会主动和应聘人员提及待遇、工作安排、薪水等情况,但也不乏一些在合同上投机取巧的公司,对工作安排、薪金待遇等含糊不清,这对刚毕业的大学生来说无疑是陷阱。在求职过程中为了避免自身的合法权益受损,大家应当了解以下就业规则。

首先,求职过程中切勿轻易相信中介或者不熟悉的同学。一些传销组织抓住大学生求职心切、盲目冲动的心理,利用中介机构或同学关系进行拉拢,给大学生强行灌输只要通过努力任何事情都能做到的毒鸡汤,让他们觉得自身发展潜力巨大,结果使一部分大学生沉迷于理想世界。因此,求职过程需谨慎，切勿轻易相信他人。

其次，在求职过程中要通过面试交谈明确表明自己想要从事的岗位、理想的薪酬以及工作待遇等。在表明自身需求的前提下，也要了解公司对工作的具体安排、薪资待遇以及对求职者其他方面的要求，只有这样才能更好地进行双向选择。一些刚毕业的大学生担心向公司表明自己的需求会不利于自己的求职，想着等真正入职再去商量，这样的行为无疑是把自身推到了不利的处境。因此，适当地表明自己的需求是十分有必要的，如果需求得不到明确的回复，那么可以考虑放弃这个公司。

最后，要签订劳动合同。签订劳动合同使双方的合作有了法律上的保障。一方面，求职者在签订合同时一定要仔细查看合同内容，对于不明确的信息要及时询问，要了解该公司的规章制度等，只有对合同内容确认无误才可以签订，毕竟合同一签订就意味着双方意见达成一致。另一方面，求职者要自觉遵守公司的规章制度以及国家的法律法规。当然，等到求职者正式入职后，要及时要求用人单位为自己缴纳社会保险并建立社会保险关系，保障自己的合法权益。一旦发现自身的合法权益受到损害，要及时与公司负责人进行沟通，必要时拿起法律武器保护自己的权益。

13. 如何找到适合自己的工作？

confused

问题：大学毕业后，我顺利考上了公务员，周围的同学、亲朋好友都向我投来羡慕的目光，那一刻我的心情非常激动，因为在大家的眼里，这是一份很好的工作。正式入职后，和我想象的情况相差不大，工作内容尽管琐碎但难度不大。这样的状态持续了几个月后，不知是因为自己想法过多还是产生了职业倦怠，我工作时变得没有热情，总觉得这份工作不太适合自己，不能真正发挥自己的才能。于是我开始反思自己是否真的热爱这份工作。刚开始就业是为了找份大家都觉得不错的工作，养家糊口，安身立命，现在有了更高的要求。可是要问具体哪个工作适合自己，我又说不上来，只觉得合适的工作应该让人充满热情，有工作动力和工作成就感等。现在这份工作我没有动力，工作时就像一个没有灵魂的机器。我是否应该辞职去找更适合自己的工作？

解惑：

正如世界上没有完全相同的两片树叶一样，每个人对待工作的认知和选择也是不一样的。在职业选择中，有人觉得只要薪水多且不违法干什么工作都行，工作仅仅就是为了让自己和家人能够有更好的生活；有人觉得找工作一定要体面，只有这样才能受到他人的尊重，看起来光鲜亮丽；有人觉得找工作要找自己喜欢的，只有自己喜欢的才可以长期保持工作热情，甚至在某一领域取得一定成就；有人觉得找工作要找适合自己的，适合自己才能凸显出自身的优势，更好地体现自身的价值，也会激发工作热情；有人认为工作本身并没有什么较大的区别，重要的是自己去驾驭工作，培养自己对工作的热爱，无论什么工作岗位都要尽职尽责，要竭尽所能做好每件小事；有人认为工作关乎自己的理想信念，即使过程充满艰难险阻也要不惜一切去捍卫自己的信仰等。现实生活中，每个人的所处环境、教育背景、生活经历、性格特征、理想信念等不同，对工作的认知和选择也就不同，但无论受什么样的因素影响，大部分人更倾向于找适合自己的工作。

那么，我们应该怎样才能找到适合自己的工作呢？

　　著名导演北野武曾说过："想找一份适合自己的工作就是个大误会，根本没有什么适合自己的工作。如果婴儿在妈妈肚子里就想着要生在一个适合自己的世界，那他根本不会想出生。找工作也是一样，别想要工作迎合自己，而是要自己去迎合工作。"一方面，正如北野武导演所言，不存在绝对的适合，我们不能因为在一份工作中产生倦怠或者受到挫折就轻易怀疑这个工作是否适合自己，而要去努力迎合工作。当然，努力迎合工作并不意味着我们在工作中要唯命是从，迎合一切不合理的安排，而是要在自己的岗位上做到尽职尽责，用心对待和热爱我们所选择的工作。另一方面，适合是相对的，我们可以依据自身的兴趣、能力、性格等去寻找更接近自身特点的工作。现实生活中，我们常说要找一份适合自己的工作，但有时候却对"适合"的概念并不是很清晰，不去探究自己的优势和劣势，而是借助外界的声音去判断自己是否适合，这样的结果往往是找不到适合自己的工作。因此，我们只有先了解自己的优缺点，才能真正知道自己想做什么，能驾驭什么，而不是去追求绝对的适合。

第六章

法 治 困 惑

大学生思想困惑及其应对

大学生思想困惑及其应对

1. 法治社会是什么样的?

confused

问题：平时在法治课上，我们学习了社会主义法治理论的相关内容，那么，面对生活中的一系列社会现实时，法治社会又意味着什么呢？现如今，我国的法律体系几乎囊括了生活中的方方面面，作为当代大学生，又该把法律看作什么？该如何为建设法治社会贡献自己的力量呢？

解惑：

法治社会是什么？从含义上讲，它是指国家权力和社会关系按照明确的法律秩序运行，并且按照严格公正的司法程序协调人与人之间的关系并解决社会纠纷。因此，要了解法治社会，首先要对法律有一个清楚的认识。法律是指由国家制定或认可并由国家强制力保证实施的、反映由特定社会物质生活条件所决定的统治阶级的意志的规范体系。法律是什么？最形象的说法就是准绳。用法律的准绳去衡量、规范、引导社会生活，这就是法治。因此，将法律具象化来讲，就是一条悬挂在每一位中国公民头顶的绳子，它由国家创制，由国家拉紧，用以规范公民的行为，创造和谐安全的社会环境，为法治社会提供最根本的约束力。

要正确把握法治社会的内涵，还需明确公正司法的内容。公正司法，即司法公正，是指司法权运作过程中各种因素达到的理想状态，其基本内涵是要在司法活动的过程和结果中体现公平、平等、正当、正义的精神。党的二十大报告中谈到，公正司法是维护社会公平正义的最后一道防线。我们要严格公正司法，规范司法权力的运行与监督程序，健全各个机关的相互配合与制约的体制机制，加快建设公正、高效、权威的社会主义司法制度，努力让人民群众在每一个司法案件中感受到公平正义。公正司法是现代社会民主、进步的重要标志，也是现代国家经济发展和社会稳定的重要保证，贯彻落实严格司法公正的各项要求在建设法治社会的进程中具有重大意义。

　　法律作为一道严苛的标准时时刻刻约束着公民，更是代表着整个国家的意志，当有人无视社会秩序走得太快时，国家就会拉紧绳子降速度，当有人无视社会法纪走得太高时，国家也会拉紧绳子降高度，以法律为准绳约束公民的日常行为，以法律为武器捍卫国家尊严，这就构成了法治社会的重要意义。党的二十大报告中指出，法治社会是构筑法治国家的基础，每一个人都应该成为社会主义法治的忠实崇尚者、自觉遵守者、坚定捍卫者。事实上，法治本就与大家的生活息息相关。每个人的一生都处在法律的保护和约束之下，从腹中的胎儿呱呱坠地到幼年时期的蹒跚学步，再到升学、考试、工作、婚姻、退休、生病、去世的各个阶段都有相对应的法律体系保驾护航，也有完善的法律尺度去衡量我们迈出的每一步。

　　唐代诗人韩愈在《寄卢仝》中曾写道："惟用法律自绳己。"作为新时代大学生，要主动弘扬社会主义法治精神，传承中华民族优秀传统法律文化，增强法治观念，在法律的规范下享受权利并履行义务，同时也要承担相应的法律责任。作为新时代合格公民，要始终坚持走中国特色社会主义法治道路，从身边小事做起，学法、知法、懂法、用法，贯彻落实全面依法治国的各项要求。法律是维护公平正义的重要途径，是维持社会治安稳定的重要手段，更是保护每一位守法公民权利的重要武器，它是具象化的准绳，更是多形态的规范。法律不仅贯穿人的一生，更关系到整个社会的发展，我们要重视它的存在、重视它的地位，要在日常生活中多抬头看一看悬在头顶的法律之绳，时刻从法制的视角来审视自己的言行，做主动知法守法的合格公民。

2. 谁来保护我的隐私?

confused

问题: 我发现自己经常谈论的物品或信息会突然出现在手机的浏览页面,使用手机号注册过某个软件后会时常收到垃圾短信,甚至发现自己的个人信息未经允许就被放置于一些社交平台。诸如此类的情况让我很不安,不知道该如何保护自己的隐私,更不敢相信和使用数字化产品。

解惑:

身处飞速发展的数字化时代,手机、电脑等网络通信类产品的使用频率日渐上升,人们的大多数言行也都变成了统计数据,比如在社交平台发布的日常生活内容、论坛上的发帖和评论记录、移动支付信息、人脸识别系统记录、信用卡消费记录、交通违章信息、医疗保障记录等。这些数字化时代的产物在便捷我们生活的同时,也创造出了可以储存个体信息的数据库。

网络空间的隐私权是传统隐私权在网络空间环境下的延伸和体现,主要指公民在网上享有的私人生活安宁与私人信息依法受到保护,不被他人非法侵犯、知悉、搜集、复制、公开和利用的一种人格权;也指禁止在网上泄露某些与个人有关的敏感信息,包括事实、图像以及毁损的意见等。《中华人民共和国民法典》第 1032 条规定:"自然人享有隐私权。隐私是自然人的私人生活安宁和不愿为他人知晓的私密空间、私密活动、私密信息。任何组织或者个人不得以刺探、侵扰、泄露、公开等方式侵害他人的隐私权。"网络侵权行为主要是通过网络宣扬、公开或转让他人隐私,以及未经授权收集、截获、复制、修改他人信息,也就是我们日常生活中所遇到的网络窥探行为、垃圾信息泛滥及个人信息泄露等。这样的定义,就明确了我们在日常生活中所感受到的安宁与私密的边界,当有人妄图利用计算机网络手段突破这一边界时,我们要能够做到敏锐察觉、及时处理。

那么,该如何面对当前逐渐融入我们生活的网络隐私权问题呢?答案是既要保护自身、又要保护他人;既要严格处理、又要正确使用。

第一，谨慎地使用数字化产品。《左传·襄公十一年》中提到"《书》曰：'居安思危。'思则有备，有备无患"。使用数字化产品应时刻保持谨慎的态度，不要在不知名的网站和软件上随意注册或传播自己的个人信息；遇到需要填写手机号、银行卡号、身份证号等情况时仔细甄别，并且及时检查自己的个人信息有无泄露的风险。

第二，用法律武器、强制性手段进行自我保护。《韩非子·饰邪》中提到"以法为本"，当发现自己的隐私权受到侵害时，可以先采取自救性措施，依据相关法律要求侵权者停止侵害或警告其行为，或及时报警，请求公安机关介入处理，情节严重时，也可以向人民法院起诉，对侵权行为定责并获得相应赔偿。

第三，在妥善行使自身权利的同时，积极履行义务。《菜根谭》中提到："不责人小过，不发人阴私，不念人旧恶。三者可以养德，亦可以远害。"大家在保证自己的行为准则正确、言行习惯合法的同时，也要提升道德修养，不做侵害他人隐私权的事情，不为一己私欲和个人利益而去窥探、传播、售卖他人的私密信息。

正确使用计算机网络信息技术，学习相关法律知识，尊重他人隐私权。如果破坏了他人的隐私边界或者侵害了他人的隐私权利，就要承担相应的法律责任。

3. 是权利还是义务？

confused

问题：我的朋友小梅是一名品学兼优的学生，但是最近她为了争取奖学金，在一次考试中作弊，并被监考老师发现，学校给予小梅开除学籍的处分。但小梅却觉得学校因为一次犯错，不给改正的机会就将自己开除，实在太过严格，因此便以侵犯自己的受教育权为由将学校起诉。从这一事件中我产生了对大学生权利与义务的疑问——当前大学生是否对权利与义务的关系有着清醒的认知？

解惑：

权利与义务是什么？又应当如何理解权利与义务的关系？在日常生活中，如何通过正确行使权利和履行义务，去妥善处理生活中的各种问题？权利一般是指法律赋予人实现其利益的一种力量，是人在相应的社会关系中应该得到的价值回报。问题中所提到的受教育权是指公民在教育领域享有的基本权利，是公民接受文化、科学等方面训练的权利。而义务则是指公民按照法律规定应尽的责任，是个体对他人或社会做自己应当做的事，是人在相应的社会关系中应该得到的价值回报。大学生的义务就包括遵守国家的法律法规、遵守学生行为规范以及遵守所在学校的管理制度等。

随着社会的高速发展和教育水平的提高，当前我国大学生的法律意识已经显著增强，在面对自身权益受到侵害时能够迅速作出反应，具有很强的权利意识。但是也有一些学生过分强调权利，忽视了自己应当履行的义务，甚至为了保护自己的权利而损害集体的利益。问题中的小梅只看到了自己的受教育权被侵犯，却没有意识到是否正确履行了身为大学生的义务，更没有意识到自己的作弊行为会对学校的管理制度与现行的《教育法》造成挑战。小梅的做法已经违反了我国《教育法》中关于遵守所在学校或者其他教育机构的管理制度的规定，并且违反了学校考试管理制度中关于禁止作弊行为的内容。在应履行义务与应获权利不对等的情况下，就不能一味地要求学校作出退让。

马克思曾说："没有无义务的权利，也没有无权利的义务。"作为学法、知法、懂法的大学生，应当正确把握依法行使权利、履行义务的基本要求，对于权利与义务的统一关系有清醒的认知。没有义务，权利就不可能存在；没有权利，义务的存在也就没有必要；但是权利的行使必须依赖于义务的履行，义务的履行也是权利实现的保障。在权利与义务相一致的情况下，一个人无论是行使权利还是履行义务，实际上都是对自己有利的，没有正确履行义务，却要求自己的权利得到相应的保护，这样不仅会影响自己的人生道路，也会对其他人、其他组织造成恶劣影响。在上述事件中，如果小梅想要自己的受教育权得到保障，顺利完成学业，就必须要履行自己作为学生应该承担的义务，在学校认真学习、诚实守信、端正态度，认真对待每一次考试，与其他同学公平竞争，遵守法律和校园管理制度。

4. 随意敲打"键盘"可以吗？

confused

问题：最近在浏览一些网页时，我发现许多对社会热点事件的新闻报道或者公众人物发表的生活内容下会存在着不恰当、不友好的言论，甚至出现了人身抨击、人肉搜索以及侮辱人格的情况。我时常在想，我们拥有公开发表言论的权利，但是却没有正当使用它，在面对他人发布的社交内容时，还是会有人躲在虚拟世界的幕布后，肆意敲打"键盘"去侮辱伤害他人。

解惑：

随着社交网络平台和信息技术的发展，网络信息和新闻增多的同时，许多不恰当的言论也悄然出现在各大平台和各种评论区。通过敲打"键盘"发出负面言论的群体，一般有着过度的正义感和虚荣心，希望自己的公开言论能够引起公众的注意甚至是认可，以此寻找在生活中无法获得的存在感和优越感；同时这一网络群体存在着对象众多、定位不准确、匿名发表等特点，所以他们认为在网络环境下发表"自由言论"的犯错成本是很低的，他们能够更加容易地利用手中的键盘去书写自己的"大好观点"。而这种行为会在极短时间内造成严重后果，且不可控，轻则侵犯公民隐私权、名誉权，重则会出现损害政府公信力、危害国家安全等严重后果。

当前，我国的法律赋予了每一位公民言论自由的权利，但是这种言论自由并不是绝对的，我们在行使言论自由权时必须要遵守我国宪法法律的有关规定：不得以造谣、诽谤或者其他方式煽动颠覆国家政权、推翻社会主义制度；不得捏造事实诬告陷害其他公民；不得用言论侮辱、诽谤、诋毁其他公民的人格尊严；不得泄露国家机密、商业秘密和个人隐私；不得教唆他人实施违法犯罪行为；不得发表猥亵性、淫秽性的言论；不得编造、故意传播虚假恐怖信息。并且，由于出现了多起由网络暴力引发的悲剧，多位全国人大代表、全国政协委员和业内专家在接受《法治日报》记者采访时，都曾提出应通过完善相关立法、加大平台责任等方式去建立更加完善的惩治机制，让"按键伤人"的网暴者不敢再如此肆无忌惮地危害和谐的网络环境。

　　作为大学生，要学习相关法律知识，遵守法律法规和大学生行为准则，正确行使自己的言论自由权，增强网络自律意识。要贯彻落实党的二十大精神，坚持在意识形态领域的正向立场，为保持当前我国网络生态持续向好的趋势贡献自己的一份力量。另外，每一位公民都应该自觉践行文明健康的网络参与行为，在实践中不断巩固和提高网络自律意识、践行网络自律要求。如果在网络中看见有人发表不当言论，大家也要及时举报，行使自己的监督权，担负起自己的公民责任，通过抵制有损网络文明与网络道德的行为，净化网络空间，明晰网络边界，与国家和社会一起，共同守护网络的净土，营造和谐共处的网络环境。

5. 面对就业的烦恼怎么办？

confused

问题：我是一名大四学生，目前在为找工作的事情发愁。秋季校园招聘会上，大大小小的公司都在介绍自己的优势，但我对其中一些公司深入了解后，才发现他们关于应届毕业生权益保障和晋升等方面的制度都存在一定问题，甚至身边有一些朋友是在签订了三方协议后，才发现合同中的一些漏洞。这让我感觉到在应对找工作的压力时，自己还要面对一系列纷繁复杂的法律问题，更为就业增添了一些"神秘色彩"，让人摸不着头脑。

解惑：

各大高校每年都会为社会输送大量人才，高校毕业生是就业工作中备受关注的重点群体。虽然校园招聘为求职提供了很多好机会，但是也有部分学生在这片就业的海洋中迷失了方向，有些学生往往只看重各大企业开出的优惠条件和待遇，并且急于在无数企业中为自己寻找一个落脚点，于是匆匆签订了合同，但由于对就业合同中有关切身利益的条款和制度了解不清，会让一些公司钻了法律的空子，从而引起就业过程中的一系列纠纷。

毕业生在找工作期间会遇到的常见问题主要包括：三方协议问题、劳动合同问题、试用期问题以及违约金问题。

首先，三方协议具有法律效力但是并不等同于劳动合同。值得注意的是，三方协议有四个方面的特点：具有唯一性，即毕业生不得持有多份协议；法律效力时限在毕业生到用人单位报到后终止；违约金数额有规定，符合双方协商的结果和所在地的规定；三方协议的备注栏应写明用人单位给出的各种承诺。

其次，在签订正式的劳动合同时，要注意合同的内容应包括劳动合同的期限、工作内容和工作岗位的规定、劳动保护和劳动条件、税前和税后的劳动薪酬及其计算方法、劳动纪律、劳动合同终止的条件以及违背劳动合同的责任等七大板块。

再次，要注意试用期的时限和工资规定。劳动合同期限三个月以上不满一年的，试用期不得超过一个月；一年以上不满三年的，试用期不得超过两个月；三年以上固定期限和无固定期限的，试用期不得超过六个月。在工资方面，试用期内的工资不得低于本单位相同岗位最低工资或者劳动合同商定工资的百分之八十，并且不得低于用人单位所在地的最低工资标准。

最后，关于违约金的问题。如果劳动者违反劳动合同需要支付一定数额的违约金，一般情况下，为保护劳动者的利益，过高的赔偿金一般不予支持，多数都是从考虑劳动者的实际工资收入入手，违约金和单位实际损失相符即可，毕业生不必担忧过高的违约金。

当前，为了在就业领域深入贯彻以人民为中心的发展思想，我国已经出台了《中华人民共和国劳动法》《劳动合同法》《劳动合同法实施条例》《违背和解除合同的经济补偿方法》《企业劳动争议处理条例》等相关法律法规，其中针对就业协议、劳动合同、试用期、违约金、审查劳动合同以及解除劳动关系等方面的问题都有着详细的说明，并且对用人单位和劳动者的权利和义务都有着详细的规定。高校毕业生应该在就业前认真学习相关法律条例，一定要学会运用法律武器来维护自己的合法权益，这样才能在明确自己和用人单位的权利与义务后，充分辨别用人单位是否侵犯了你的权益以及在哪一方面侵犯了你的权益，能及时采取合法、积极的方式收集相关证据，为将来进行劳动仲裁和诉讼提供有利线索，并通过双方协商、单位调解、劳动仲裁、法院判决的方式解决劳动争议。

参 考 文 献

[1] 蔡克强，于天红. 新时期大学生集体主义教育的现状研究[J]. 教育现代化，2018，5(52)：205-206.

[2] 格雷琴·鲁斌. 幸福哲学书[M]. 师瑞阳，译. 北京：中信出版社，2018.

[3] 宁馨. 教育引导大学生"树立正确的生死观"应讲清讲透的四个辩证关系[J]. 思想理论教育导刊，2019(5)：148-152.

[4] 罗熊. 90后大学生消费心理分析[J]. 上海商业，2021(7)：22-23.

[5] 曹周天. 学生学习诚信问题的教育伦理学批判[J]. 当代教育论坛，2022(1)：10.

[6] 冯秀军，柳建营. "思想道德修养与法律基础"问题链接教学案例[M]. 北京：中国人民大学出版社，2016：12.

[7] 稻盛和夫. 活法[M]. 曹岫云，译. 北京：东方出版社，2012.

[8] 李银河. 自由自在地去爱[J]. 环球人物，2012(6)：2.

[9] 刘福春，刘鸣谦. 新诗潮散佚文献编年(1978—1980)[J]. 文艺争鸣，2022(01)：125-131.

[10] 曲佳晨，贡喆. 信任水平存在性别差异吗?[J]. 心理科学进展，2021，29(12)：2236-2245.

[11] 约翰·戈特曼. 爱的博弈[M]. 杭州：浙江人民出版社，2014.

[12] 赵永久. 爱的五种能力[J]. 婚姻与家庭：婚姻情感版，2016(10)：5.

[13] 约翰·戈特曼，朱莉·施瓦茨·戈特曼，杜格拉·阿伯哈，等. 爱的沟通[M]. 潘升，译. 杭州：浙江人民出版社，2018.

[14] 约翰·戈特曼，娜恩·西尔弗. 幸福的婚姻[M]. 刘小敏，译. 杭州：浙江人民出版社，2014.

[15] 丹尼尔·戈尔曼. 情商[M]. 杨春晓，译. 北京：中信出版社，2010.

[16] 张玲. 当代学校心理健康指导[M]. 北京：教育科学出版社，2010.

[17] 克里斯托弗·安德烈，弗朗索瓦·勒洛尔. 恰如其分的自尊[M]. 周行，译. 生活·读书·新知三联书店　生活书店出版有限公司，2015.

[18] 蒋勋. 孤独六讲[M]. 武汉：长江文艺出版社，2017.

[19] 王世民. 思维力：高效的系统思维[M]. 北京：电子工业出版社，2017.

[20] 陈武. 网络暴力最可怕的是对尊严的践踏[J]. 中国青年报，2019-12-05(02).

[21] 北野武. 北野武的深夜物语[M]. 成都：四川文艺出版社，2020.

[22] 中共中央文献研究室. 习近平关于全面依法治国论述摘编[M]. 北京：中央文献出版社，2005.

[23] 习近平. 高举中国特色社会主义伟大旗帜 为全面建设社会主义现代化国家而团结奋斗：在中国共产党第二十次全国代表大会上的报告[M]. 北京：人民出版社，2022：40-42.

[24] 韩愈. 韩昌黎集[M]. 北京：商务印书馆，1933.

[25] 全国人大常委会办公厅. 中华人民共和国民法典[M]. 北京：中国民主法制出版社，2020.

[26] 陈战峰. 居安思危[M]. 西安：西安出版社，2008.

[27] 韩非. 韩非子[M]. 秦惠彬，校点. 沈阳：辽宁教育出版社，1997.

[28] 洪应明. 菜根谭[M]. 北京：光明日报出版社，2014.

[29] 中华人民共和国教育法[M]. 北京：中国法制出版社，2021.

[30] 中共中央马克思恩格斯列宁斯大林著作编译局. 马克思恩格斯选集第1卷[M]. 北京：人民出版社，1972.

[31] 刘冬梅，张亚莉. 教育权利与义务的冲突与平衡[J]. 河南师范大学学报(哲学社会科学版)，2017，44(02)：140-145.

[32] 刘芝梅. 自媒体时代青少年网络自律精神的培育[J]. 中学政治教学参考，2019(36)：20-22.

[33] 王珏. 网络言论的边界在哪，如何规制[J]. 人民论坛，2017(17)：78-79.

[34] 李倩茹. 大学生就业法律意识缺失原因与提升途径[J]. 学校党建与思想教育，2011(10)：78-79.

[35] 陈媛，王倩兮. 我国劳动合同试用期规则适用研究[J]. 当代法学，2011，25(06)：113-117.

[36] 刘冬梅，王洪涛. 大学生签订劳动合同的法律问题探析[J]. 教育探索，2009(07)：19-20.